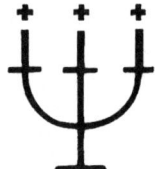

VON DRÜBEN

VON DRÜBEN I

Botschaften, Informationen, praktische Ratschläge

Übermittelt von Eva Herrmann

Mit Postmortem Nachwort von

THOMAS MANN

MMVIII

REICHL VERLAG · DER LEUCHTER · ST. GOAR

Eine englische Ausgabe mit einer Auswahl aus
Von Drüben Band I und II ist in Vorbereitung.

Aus dem Englischen übersetzt von
Richard Exner und Eva Herrmann

5. Aufl. 13.-14. Tausend 2008

Copyright 2008 by Reichl Verlag, D-56329 St. Goar
Gesamtherstellung: Druck- und Verlagsgesellschaft Bietigheim mbH
Gedruckt auf säurefreiem, alterungsbeständigem Papier
www.reichl-verlag.de

ISBN 978-3-87667-046-1

INHALT

	Seite
Vorwort	9
I. Das Universum	30
II. Ein paar Definitionen	41
III. Wie wir Wissen erlangen	50
IV. Die Hölle	54
V. Höhere Sphären	59
VI. Von guten und von bösen Kräften	62
VII. ESP — ASW	70
VIII. Vererbung	74
IX. Atlantis	82
X. Über Hypnose, Psychoanalyse und Religion	92
XI. Ein Blick in die Zukunft	99
XII. Pi und Anti-Pi	109
XIII. Alte und junge Seelen Gedanken zu den Lehren Jesu und Buddhas	122
XIV. Gerechtigkeit und Rechtsprechung	131
XV. Von erleuchteten Seelen	139
XVI. Kosmogonie für den Laien	146
XVII. Die Autoren stellen sich vor	149
XVIII. Meditation und erste Erlebnisse	151
XIX. Wie man sich entspannt und seine Stimmungen beherrschen lernt	156
XX. Verständigung zwischen den Welten	158
XXI. Der Weg nach Innen	166
Postmortem Nachwort von Thomas Mann	179

VON DRÜBEN II

Den Abschluß des ersten Bandes bildet das von Eva Herrmann medial empfangene postmortem-Nachwort von Thomas Mann, in welchem er seine Erfahrungen und seine Entwicklung im Jenseits schildert. Daran anknüpfend bringt der zweite Band weitere nachtodliche Zeugnisse bedeutender Persönlichkeiten (Werfel, Churchill, C. G. Jung, Huxley, Freud u. a.), die durch ihr Wirken und ihre Schriften die Gedankenwelt ihrer Zeitgenossen entscheidend beeinflußten und prägten. Mit schonungsloser Selbstkritik betrachten sie ihr Verhalten während ihres irdischen Daseins und verurteilen die von ihnen verbreiteten Irrtümer, die bloßzulegen und zu berichten ihnen umso mehr am Herzen liegt, als hiervon ihr Aufstieg in höhere Sphären abhängt.

Der zweite Teil des Buches ist den »Armen Seelen« gewidmet und zeigt an bewegenden Beispielen, wie wir ihnen durch liebende Zuwendung den Weg aus ihrer Einsamkeit, ihrer Verzweiflung und ihren Nöten zur Erlösung öffnen können. Wieviel Willenskraft und Überwindung es diese Unglücklichen kostet, um Schritt für Schritt sich aus der Tiefe emporzuarbeiten, wird in einem eindrucksvollen Kapitel ausführlich dargetan.

Im dritten Teil kommen Teresa von Avila und Hildegard von Bingen zu Wort. Befreit von den Zwängen dogmatischer Glaubenssätze und zeitgebundener Einengungen, denen sie sich trotz besseren Wissens zu ihren Lebzeiten anpassen mußten, bedienen sie sich der Feder Eva Herrmanns, um die Wahrheit, so wie sie sich ihnen aus ihrer jetzigen Sicht darstellt, zu verkünden.

VORWORT

Einiges aus meinem Leben

1

Im Jahre 1936 oder 1937 sah ich in Paris ein Stück von Giraudoux — es war „La Guerre de Troie n'aura pas lieu" — in dem die Seherin Kassandra auftritt. Während ich sie aus dem dunkeln Zuschauerraum beobachtete, kam es mir in den Sinn, daß ich vielleicht gar nicht primär zur Kunst berufen war, sondern für das Psychische und Mediale. Dabei hatte ich keinen Grund, mit meiner damaligen Tätigkeit unzufrieden zu sein: als Zeichnerin hatte ich Erfolg; viele Koryphäen hatten mir gesessen und ich hatte Freude am Malen. Und doch war ich mir in manchen Augenblicken bewußt, daß etwas in mir unerfüllt geblieben war und daß ich mich mein ganzes Leben nach etwas gesehnt hatte, das ich nicht hätte benennen können.

Die Gabe des Hellsehens war mir keineswegs angeboren, obwohl es nicht ganz an Erlebnissen fehlte, die vage in diese Richtung wiesen. Beim ersten derartigen Erlebnis war ich etwa vier Jahre alt. Mein Vater, ein geborener Amerikaner, hatte sich als junger Maler in München niedergelassen und war mit seiner Frau und vier Kindern — und dem damals bei wohlhabenden Familien üblichen Personal — auf ein paar Jahre nach Oberstdorf im Allgäu gezogen, um sich dort seiner Kunst zu widmen. Zwei Gouvernanten, eine Französin und eine Deutsche, waren engagiert, den Eltern die Kinder vom Leibe zu halten.

Das Erlebnis, von dem ich sprach, ereignete sich an einem

sonnigen Nachmittag auf einem unserer täglichen Spaziergänge. Ich erinnere mich noch deutlich an den hübschen Bauernhof, an dem unser Weg vorbeiführte, an die Geranien an den Fenstern, an die ländlichen Gerüche und den sanften, blauen Himmel, der sich über all das spannte. Aber mit einem Mal war in meiner Vorstellung das Ganze wie ausgelöscht und in Nacht versunken, und ich begriff auf einen kurzen Augenblick, daß jenes farbenfreudige Bild nicht die endgültige Wirklichkeit war und daß diese etwas ganz anderes sei. Natürlich wäre ich damals nicht imstande gewesen, dieses Erlebnis in Worte zu fassen, doch war es so stark, daß ich mich noch heute daran erinnere.

*

Meinen Vater sahen wir in jenen Tagen nur selten. Von meiner Mutter zu sprechen, fällt mir nicht ganz leicht; sie war der Schrecken meiner Kindheit. Wir bekamen sie nur zu sehen, wenn unerwünschte Geräusche aus den Kinderzimmern in den Teil der Villa drangen, der für die Eltern reserviert war. Dann erschien sie mit aufgerissenen Augen und einem Stock, der in ihrer Hand wippte, bis sich das Unwetter auf einen von uns entlud. Ich fürchtete und haßte sie auf den Tod.

Es dauerte ein halbes Menschenleben, ehe ich mich von der Erinnerung an die vielen häßlichen und entwürdigenden Szenen und von den damit verbundenen Haßgefühlen befreien konnte. Das gelang mir erst, als es mir klar wurde, daß mein Karma* sich meiner Mutter als Werkzeug bedient hatte. Es hätte sich ebenso gut eines anderen Mittels bedienen können, wenn diese Frau sich nicht bereitwillig in jene Rolle gefunden hätte. Sie war aber durch eine unglückliche Ehe, welche die in ihr schlummernden bösen Neigungen verstärkte, zum willigen Instrument eines Schicksals geworden, das im Licht späterer Erkenntnis eine völlig neue Bedeutung für mich annahm. Sie war auch nicht das

---

* Zur Erklärung des Begriffes „Karma" verweise ich den Leser auf die Seiten 28, 77 ff., 145

einzige Werkzeug dieses unbarmherzig scheinenden Schicksals: von meinem dritten bis zu meinem vierzehnten Lebensjahr war ich zu allem anderen Unglück auch noch mit einer Hautkrankheit geschlagen, die mir das Leben vollends zur Hölle machte.

Ich war acht, als sich meine Eltern trennten und ich meiner Mutter zugesprochen wurde. Erst nach vielen Jahren des Herumgestoßenwerdens (neun Schulen und Internate, von Krankenhäusern und einem Hautsanatorium ganz zu schweigen) wurde ich nach einem erbitterten Kampf meinem Vater zugesprochen und war somit wieder mit meinen Geschwistern vereint. Es begann eine glücklichere Zeit in meinem Leben, in der ich mich bis 1919 in München, danach in New York zunächst dem Tanz und schließlich aber dem Zeichnen zuwandte.

*

Auch äußerlich war eine Wandlung eingetreten. In den Blicken meiner Mitmenschen, die sich früher peinlich berührt von mir abgewandt hatten, gewahrte ich nun oft unverhohlenes Wohlgefallen. Ich nahm dies mit einer gewissen inneren Gleichgültigkeit hin. Weder die frühere noch die jetzige Reaktion, fand ich, hatten mit meinem eigentlichen Wesen etwas zu tun. Ich hatte nichts dagegen, daß es jetzt anders war als zuvor, doch mein Glücksgefühl hielt sich in Grenzen.

In jene Zeit fiel auch mein erstes Liebeserlebnis. Mein Vater war bereit, mich nach Europa zurückkehren zu lassen, und zwar allein, was damals für sehr fortschrittlich galt. Ich hatte ein kleines Monatsfixum und zog nach Berlin, das zu Beginn der Zwanziger Jahre viel zu bieten hatte und schrieb mich auf einer Kunstschule ein.

Vom Augenblick der ersten Begegnung fühlte ich mich zu einem jungen Menschen, der Dichter war, hingezogen. Er war dreißig, hatte bereits einen Namen, dazu einen schlechten Ruf — und keinen Pfennig Geld. Seine „Vergangenheit" kümmerte mich wenig. Ich glaubte an seine Begabung und an die unantastbare

Unschuld seines Herzens. Sein ungezügeltes Temperament hielt ich für bezähmbar und glaubte sogar, eine Wandlung habe bereits begonnen.

Trotz meiner zwanzig Jahre war ich damals fast noch ein Kind. Dies mochte mit einer eher schwächlichen Konstitution zusammenhängen und mit den Entbehrungen der Kriegsjahre oder aber auf psychischen Faktoren beruhen. (Ich benutze „psychisch" in der in diesem Buch gebrauchten umfassenderen Bedeutung des Wortes.) Jedenfalls scheute ich vor der Stärke des Gefühls, das mir mein Freund entgegenbrachte, zurück. Wir waren nach Natur und Weltanschauung sehr verschieden, was die Beziehung nicht unerheblich komplizierte; allmählich nahmen innere und äußere Schwierigkeiten überhand, und es kam nach zwei, drei Jahren zur Trennung. Im Rückblick erscheint mir diese nie ganz erfüllte Liebe ungemein zart und innig, und ich frage mich manchmal, ob sie überhaupt je geendet hat. — Später war ich weniger mimosenhaft und begann das Leben zu nehmen, wie es sich bot.

*

Mit vierzehn und danach hatte ich hin und wieder hellseherische Momente, die aber kaum über das hinausgingen, was andere bisweilen auch erleben. So konnte ich etwa einen Menschen im Geist an einem Ort sehen, an dem er vor Jahren gewesen war oder wo er in absehbarer Zukunft sein würde, aber alles das undeutlich, wie eine schlecht entwickelte Photographie. Oder ich wußte plötzlich, wo jemand zu einer gewissen Zeit gewesen war und was er dort getan hatte. Es stimmte durchaus nicht immer, aber ich machte mich damit ganz gern vor dem einen oder anderen Vertrauten interessant. Im Übrigen ließ ich diese Winke eines zweiten Gesichts auf sich beruhen. Auch begann mich meine Arbeit weitgehend in Anspruch zu nehmen, da inzwischen in den Vereinigten Staaten ein Buch mit meinen Karikaturen erschienen war. Damals war ich siebenundzwanzig.

Amerikanische und europäische Zeitschriften interessierten sich für meine Arbeiten, und es fehlte nicht an Aufträgen und somit an Gelegenheiten, bedeutende Menschen kennenzulernen, wie z. B. Einstein, G. B. Shaw und Thomas Mann.

*

Früh schon und ungewöhnlich häufig wurden mir nahestehende Menschen durch Selbstmord entrissen. Es begann mit dem Tod einer geliebten Freundin, dem bald ein weiterer folgte. Doch der schwerste Schlag traf mich, als ich einunddreißig Jahre alt war. Der Freund, den ich damals verlor, stand mir näher als irgend jemand davor oder danach. Er hätte mein jüngerer Bruder sein können, so sehr sprachen wir die gleiche Sprache. Er war Maler, und wir konnten so vieles teilen: die Vorliebe für schöne entlegene Plätze, die Freude an Kindereien und am Skilaufen. An einem nordamerikanischen See fanden wir eine Jägerhütte, in der Schweiz ein zufällig leerstehendes Bauernhaus, ein andermal ein Ferienhäuschen am Ligurischen Meer. Wir lachten viel, und es hätte die glücklichste Zeit meines Lebens sein können, aber von Anbeginn spürte ich etwas, das wie ein Verhängnis über ihm schwebte. Es war eine tiefe Melancholie, die sich zunächst nur in seinen Bildern äußerte, und es waren die ersten Symptome einer Krankheit, die sich später als Folge einer früheren Enzephalitis herausstellen sollte. Unaufhaltsam mehrten sich die Petit-mal-Anfälle und ebenso unaufhaltsam verdüsterte sich sein Geist. Ich sah das Unheil kommen und konnte es nicht abwenden.

Dann war alles vorüber, und ich mußte sehen, wie ich mit dieser tödlichen Leere zurechtkam. Man kann über solche Dinge nicht sprechen: man ist innerlich wie erstarrt und macht trotzdem weiter. Ich möchte aber nicht, daß der Leser meint, ich hätte mich aus Verzweiflung über den Verlust meines Freundes der jenseitigen Welt zugewandt. Sicherlich war mein Schmerz nicht der Anlaß. Neun Jahre später — ich war damals längst wieder in Amerika — hieß etwas ganz anderes mich diese Richtung einschlagen.

*

Inzwischen lebte ich in den Dreißiger Jahren in Südfrankreich. Eine Freundin und ich bewohnten ein hübsches kleines Haus in den Hügeln hinter Sanary-sur-mer. Der Pinienduft, der weite Blick über Meer und Inseln und der Geschmack der frisch gefischten Seeigel sind mir noch lebhaft in Erinnerung. Wir hatten einen großen Bekanntenkreis; ich arbeitete viel, reiste während der Wintermonate, und mein Leben erweckte sicher den Anschein, als sei es durchaus erfreulich. Drei meiner Reisen führten mich in die Sowjetunion. Dort war ich als Zeichnerin tätig und konnte zur gleichen Zeit Land und Staatssystem studieren. Wenn ich sage „studieren", so ist das nur eine Redensart, denn es fehlen mir alle Voraussetzungen, schwierige theoretische Probleme mit dem Verstand zu lösen. Ich konnte lediglich meine Augen offen halten und die Dinge auf mich einwirken lassen. Das Resultat, zu dem ich mehr oder weniger gefühlsmäßig kam, deckt sich im wesentlichen mit dem meiner jenseitigen Lehrer, obwohl ich noch dreißig Jahre auf diese Bestätigung warten mußte. Ihre Ansichten sind im ersten Kapitel dieses Buches niedergelegt. Im Jahre 1939 zwangen mich äußere Umstände, Frankreich zu verlassen und in die Vereinigten Staaten zurückzukehren.

*

Ich ließ mich in Kalifornien nieder. Einige Freunde waren bereits dort; andere sollten folgen. Kalifornien war damals — und daran hat sich auch nichts geändert — Mittelpunkt allerlei religiöser Bewegungen, ernster und weniger ernster. Es konnte also gar nicht ausbleiben, daß ich früher oder später mit der einen oder anderen in Berührung kam, und so fand ich mich eines abends in einer öffentlichen Versammlung, in der ein Medium auftreten sollte. Da ich etwas zu spät gekommen war, mußte ich mich mit einem Platz in der vorletzten Reihe des Saales begnügen. Es mochten etwa drei- bis vierhundert Menschen anwesend sein. Nach ein paar Minuten — die Veranstaltung war bereits im Gange — sagte das Medium, eine stattliche weißhaarige Frau, sie wolle mit Eva sprechen. Ich rührte mich nicht und hoffte, eine andere Eva würde sich melden. Da niemand reagierte, verlangte das Medium resolut, mit Eva Herrmann zu sprechen. Diesmal antwortete ich und bekam in zehn Minuten so viel Zutreffendes über mein Leben zu hören, daß ich gänzlich benommen war. Sie sprach von meinem verstorbenen Freund und anderen mir nahestehenden Menschen und selbst solchen, die mir im Moment gar nicht gegenwärtig waren und auf die ich mich erst besinnen mußte. Auf der Heimfahrt beschloß ich, mich mit dem Phänomen der anderen Welt ernstlich auseinanderzusetzen.

Als nächstes hatte ich eine private Zusammenkunft mit einem männlichen Medium. Auch er nannte Namen und gab Daten an, die alle stimmten. Außerdem sagte er mir, ich sei selber medial. Er empfahl mir an einem jener Kurse teilzunehmen, wie sie von mehreren in Los Angeles ansässigen Medien abgehalten wurden. Der Zweck dieser Ausbildungsklassen war, ESP*-Gabe zu fördern, so wie man Singen oder irgend ein anderes Talent pflegt.

Auf einmal hatte mein Leben ein neues Gesicht. Wenn ich in den Hügeln von Santa Monica wanderte, spürte ich plötzlich und unverkennbar die Nähe meines verstorbenen Freundes. Wie oft mochte er mich schon auf meinen Wegen begleitet haben, ohne daß ich es gemerkt hatte. Aber solange man nichts von diesen Möglichkeiten weiß, streckt man auch keine seelischen Fühler aus. Erst muß man, wenn auch noch ohne Gewißheit, an die Möglichkeit des Kontaktes glauben. Die Gewißheit kommt später.

---

* Zur Erklärung des Begriffes „ESP" verweise ich den Leser auf S. 70 ff.

Ich tat alles, um diese Gewißheit zu erlangen. Im Laufe der nächsten zwölf Jahre nahm ich an weit über tausend Sitzungen der verschiedensten Art teil: mit psychologischen (oder „mentalen") und mit physiologischen Medien, also mit Medien, die ESP-begabt waren und ihre s u b j e k t i v e n Eindrücke übermittelten und mit solchen, die Materialisationsphänomene und andere o b j e k t i v wahrnehmbare Phänomene produzierten. Mein Glauben an das Fortleben nach dem Tode wurde zur Gewißheit; doch würde es zu weit führen, die vielen zwingenden Gründe hierfür aufzuzählen. Zudem ist über dieses Thema ja schon sehr viel geschrieben worden, und viele Menschen kommen ohnedies nicht über die erste Hürde hinweg: sie haben niemals genügend Beweise und versäumen darüber das Eigentliche. Im Grunde gibt es ja doch nur zwei Möglichkeiten, zu einer Meinung zu kommen: die eigene Erfahrung oder das von uns akzeptierte Zeugnis vertrauenswürdiger Menschen. Ich habe deshalb hier nur das Fazit meiner langjährigen Erfahrungen gegeben.

Ich beteiligte mich also an privaten Sitzungen und an Ausbildungsklassen mit etwa acht bis zehn — meistens weiblichen — Schülern. Der Unterricht bestand gewöhnlich aus einem theoretischen und einem praktischen Teil. Mit dem theoretischen war das so eine Sache, denn der Spiritismus (oder Spiritualismus, wie man ihn jetzt meist nennt) erwies sich als ein Dogma mit allerhand Varianten, die wiederum vom Bildungsgrad und der Intelligenz des Mediums abhingen. Natürlich waren sich die verschiedenen Parteien über Hauptpunkte einig: das Fortleben nach dem Tode, das Kommunizieren mit der Geisterwelt und dann vielleicht noch die Gliederung in verschiedene Bewußtseinsebenen.* Kam man aber an eminent wichtige Probleme wie Reinkarnation und Astrologie, gingen die Meinungen bereits auseinander. Ich hatte nicht wenig Mühe, mir auf all dies einen

---

* Siehe hierzu die Seiten 28 f. und 42 ff.

Vers zu machen, und niemand war da, den ich hätte fragen können.

Man mag hier einwenden, der Spiritismus beruhe schließlich auf dem, was uns höhere Welten mitteilen — wie kann es denn da solche Diskrepanzen geben? Hier sind wir bei einem Thema angelangt, dem ich am liebsten mit großen Buchstaben das Folgende voranstellen würde: die Tatsache, daß ein Mensch gestorben ist, macht ihn weder allwissend noch heilig. Unmittelbar nach dem Übergang in die nächste Welt ist er zunächst genau der, der er kurz zuvor noch war, nur eben ohne Körper. Allerdings erwarten ihn unendlich viele und unendlich herrliche Möglichkeiten — aber wird er sie nutzen, und wie bald, und mit wieviel Eifer wird er sie nutzen? War er ein guter Mensch, so ist er jetzt glücklich, und das allein mag ihm genügen. Und so ist er nun ein Geist, der außer der unumstößlichen Gewißheit eines Fortlebens nach dem Tode nicht notwendigerweise mehr weiß als wir, auf den wir aber mit Andacht hören, wenn sich hierzu eine Gelegenheit bietet. (Ich spreche von jenseitigen Mentoren oder solchen, die sich hierzu berufen fühlen und nicht etwa von geliebten Verstorbenen, deren Mitteilungen für uns persönlich von größtem Wert sein können.) Worauf es aber in Wirklichkeit ankommt, ist nicht, daß eine Nachricht aus dem Jenseits kommt, sondern von welcher geistigen Stufe aus dem Jenseits die Nachricht kommt. In unserer Welt verlassen wir uns ja auch nicht auf jedes erstbeste Urteil, sondern wir vergewissern uns zunächst der Qualität des Urteilenden.

Um aber auf die Medien zurückzukommen, so ist zu erwähnen, daß sie im allgemeinen außer ihren Schutzgeistern, die ihnen in allem wesensverwandt sind und daher nicht immer dem Idealbild eines Engels entsprechen, auch noch höheren Wesenheiten unterstehen, die von Zeit zu Zeit bei ihnen gewissermaßen nach dem Rechten sehen. Von diesen höheren Wesenheiten hört man nur selten, doch wenn sie sich einmal melden, geschieht dies gewöhnlich auf eine sehr würdige und eindrucksvolle Weise. Zumeist handelt es sich hierbei um ältere Seelen, die in ihrer letzten Inkarnation der indischen oder ägyptischen oder einer anderen geistig hochstehenden Kultur angehörten.

Diejenigen meiner Lehrer, die sich damals zu erkennen gaben, gingen denen voraus, die erst in einer späteren Phase meiner Entwicklung in Erscheinung traten. Man muß sich nämlich seine Lehrer sozusagen verdienen. Sie mögen im Hintergrund bereit stehen — aber w i r müssen den Willen und die Kraft aufbringen, ihnen entgegenzugehen. Oft hat man ein ganzes Leben lang — oder sogar in mehreren Leben — einen und denselben Schutzgeist, doch wartet dieser manchmal, bis wir ein gewisses Stadium unserer seelischen Entfaltung erreichen, ehe er zu uns spricht. So fiel der Name Azanananda zwar bald, aber ich konnte weiter nicht viel über ihn erfahren. Erst nach Jahren sollte ich ihn näher kennenlernen.

Doch nun etwas über die Praxis unserer Ausbildungsklassen: zunächst bestand sie darin, daß sich die zukünftigen Medien im gegenseitigen Übermitteln von Botschaften übten. Das Schwierigste war, die Scheu zu überwinden, etwas nur dunkel Empfundenes einigermaßen sinnvoll in Worte zu bringen. Solche von Drüben empfangenen Eindrücke drangen dann je nach Begabung eines Schülers — als Bild, Name, Zahl oder Symbol — ins Bewußtsein. Er mochte das Gegebene richtig erfassen oder nicht — schließlich war man unter sich und hatte einen langen Weg vor sich, alles noch besser zu lernen. So konnte ich jahrelang den Werdegang strauchelnder Anfänger verfolgen und — falls sie nicht unterwegs liegenblieben — miterleben, daß der eine oder andere in eine der spiritualistischen Kirchen ordiniert wurde.

Dies wiederum berechtigte zur Leitung einer eigenen Kirche wie zum Trauen und Beerdigen. Die ordinierte Person durfte auch den Titel „Reverend" führen und war als praktizierendes Medium somit der Gefahr enthoben, mit dem Gesetz in Konflikt zu kommen. In den Vereinigten Staaten bedarf man als „Wahrsager" einer behördlichen Genehmigung. Als Vorbedingung zur Aufnahme in eine spiritualistische Gruppe hatte man den einwandfreien Beweis seiner medialen Fähigkeiten zu erbringen und bibelfest zu sein. Darüberhinaus wurde wenig verlangt, und so fehlt es hierzulande nicht an „Reverends" der verschiedensten Schattierungen. Ich selbst habe diese Laufbahn nie einschlagen wollen — und zwar nicht nur, weil mir die Vorstellung, in einem Talar auf einer Bühne oder gar auf einer Kanzel zu stehen, skurril vorkam, sondern vor allem weil mir schon früh bedeutet wurde, dies sei nicht meine Aufgabe. Ich sollte eher einer Sache dienen als einzelnen Menschen. Diese mir anvertraute Sache, erfuhr ich, bestand darin, daß ich durch die mir diktierten Schriften größere Klarheit in einen Bereich bringen sollte, der dringend dieser Klarheit bedarf. Ein Grund, weshalb ich vorhin die Schulung medial begabter Anfänger schilderte, war mein Wunsch, einem jener vielen Mißverständnisse auf diesem Gebiet zu steuern. In dem besonderen Fall handelt es sich um die weitverbreitete Vorstellung, Medien seien samt und sonders Schwindler und ihre Klienten ebenso samt und sonders abergläubische Toren. Meiner Erfahrung gemäß sind die meisten Sensitiven — vorausgesetzt sie sind das überhaupt — ihrem Beruf ehrlich ergeben. Daß da manchmal Geltungstrieb, materielles Interesse und ähnlich Unerfreuliches mit hinein spielt, liegt ja auf der Hand.

Doch noch einmal zurück zum praktischen Teil unserer Ausbildungsklasse: den Höhepunkt bildete der Moment, in dem sich das Medium in Trance versetzte und ein Geist den momentan entseelten Leib „übernahm", durch ihn sprach und gestikulierte oder aber als freischwebende Stimme zu vernehmen war. Ich habe das viele Male erlebt; der Vorgang war für mich immer wieder neu und ergreifend, selbst dann noch, wenn oft recht Plattes auf diese Weise den Weg in unsere Welt fand. Wem daran gelegen ist, unter solchen Umständen eine Gewißheit über die Fortdauer des Lebens zu erlangen, der versäume nicht, einer solchen Demonstration einmal beizuwohnen, wenn sich die Gelegenheit bietet. Doch sollte man dabei eines nicht vergessen: derartige Erfahrungen, so sehr sie dem Anfänger helfen mögen, sind nicht viel mehr als ein Fundament oder ein Auftakt; hier aber beginnt erst der seelische Aufstieg!

*

Als ich nach zwölf Jahren, des scheinbar vergeblichen Wartens und der aufreibenden Unzulänglichkeiten müde, immer noch nicht imstande war, von mir aus die ersehnte Verbindung herzustellen, gab ich das Ganze auf und stürzte mich von neuem in meine Arbeit, die ich nie ganz aufgegeben hatte und von der ich mir jetzt etwas Distanz erhoffte. Aber das andere ließ mich nicht ruhen. Und wieder rannte ich gegen eine Wand, die nicht weichen wollte.

Ich möchte junge Menschen nicht entmutigen, denen es bestimmt sein mag, Botschaften aus der anderen Welt zu übermitteln. Zum Glück sind viele mit dieser Gabe geboren oder haben zumindest weniger Mühe als ich, sie zu entfalten. Aber meine Lehrer, eingedenk meiner Vergangenheiten — ich war in meinen letzten drei Inkarnationen Priesterin — erwarteten sehr viel von mir und in meinem tiefsten Innern entsprach ihre Erwartung wohl auch meinen eigenen Wünschen. Die Prüfungen, die ich zu bestehen hatte, waren ungewöhnlich schwer, denn mit jeder höheren Stufe, die eine Seele erreicht, steigern sich auch die Ansprüche, die sie an sich selbst stellt. — Endlich, nach fast zwanzig Jahren Wartezeit, öffnete sich das Tor. Mein Glück war unbeschreiblich! Ich hörte, und ich schrieb das Gehörte auf!!

Sehr bald aber mußte ich entdecken, daß es Lügen waren, die ich bebenden Herzens Tag und Nacht zu Papier brachte. Und nicht nur das! Die mich nach einer so vernichtenden Entdeckung mit liebevollen Worten zu trösten versuchten, brachen plötzlich in ein höllisches Hohngelächter aus und entpuppten sich ebenfalls als Dämonen. Die Sprache, derer sie sich bedienten — wenn sie nicht gerade meine Schutzgeister nachäfften, was sie glänzend fertigbrachten — war das Abscheulichste und Obszönste, das man sich denken kann. Kurz, es war alles dazu angetan, mich entweder ein für allemal von meinem Vorhaben abzubringen oder aber mich in den Wahnsinn zu treiben. Ein einziges Mal in dieser grauenvollen Zeit erreichte mich eine Botschaft, die mich so sehr erquickte und ermutigte, daß sie mich auf Jahre gegen alle Unbill, die mir noch bevorstand, feite. Diese Botschaft war echt und bewahrheitete sich später, als ich schließlich gelernt hatte, daß innerlich gehörte Worte von einem Licht begleitet sind oder ihnen vorangehen, wenn sie wirklich aus höheren Sphären stammen. Dies war die Botschaft:

Viele haben begonnen, was Du beginnst und mußten aufgeben. Du sollst nicht aufgeben, sondern beharrlich weiterkämpfen. Wenn Du den tonlosen Ton meiner Stimme vernimmst, bist Du auf dem rechten Wege. Ich bin Buddha. Ich bin Siddhartha. Ich bin der, den sie Buddha nennen, den Erleuchteten. Ich verlasse keinen, der eines Sinnes mit mir ist. Lama Lhasa hat Dir den Weg zu mir geebnet. Durch ihn komme ich zu Dir. Er wird Dir meine Botschaft sagen. Öffne meinen Worten Dein Herz. Ich bin Sakyamuni. Ich grüße Dich über alle Fernen.

Ich, Siddhartha der Buddha

Meine Lehrer fügten Folgendes hinzu:
Lama Lhasa und Azanananda haben geholfen, diese Botschaft weiterzuleiten. Sei uns gesegnet. Seid gegrüßt Brahma, Wischnu und Schiwa.

Nach weiteren vier oder fünf Jahren begann es sich zu lichten. Teresa von Avila, die sich mir genähert hatte (was mich erstaunte, denn ich wußte so gut wie nichts von ihr), verkündete, von nun an sei meine Arbeit gewährleistet und stehe unter höchstem Schutz. Ihre Botschaft galt auch für meine jenseitigen

Helfer, da wir ja ein Ganzes bilden und sie an meinem Leiden teilhaben, so weit ihr eigenes Karma das erfordert. Teresas Gewähr erstreckt sich allerdings nur auf das mir diktierte Werk. Lasse ich mich auf private Dinge ein, so laufe ich Gefahr, Unrichtiges zu empfangen und zwar besonders dann, wenn derjenige, für den ich einen Kontakt herzustellen suche, dazu noch nicht reif ist. So bin ich also leider genötigt, mich prinzipiell auf die mir anvertraute Arbeit zu konzentrieren.

2

Da mir meine Helfer und Schutzgeister bei dieser Aufgabe unentbehrlich sind, obwohl sie ihre Gegenwart nicht bei jeder Gelegenheit kundtun, möchte ich dem Leser noch einiges über sie mitteilen und ihm zu beschreiben versuchen, wie ich das Gehörte empfange und festhalte.

Meine Helfer

Meine jenseitigen Mitarbeiter sind Wesenheiten, die mir aus innerer Wesensverwandtschaft ihre Hilfe angeboten haben. Sie stehen etwa auf der gleichen Bewußtseinsebene wie ich.

Da ist zunächst R i c k i, mir immer noch so lieb wie in den wenigen Jahren des Zusammenlebens, die uns vergönnt waren. Er spielt unter meinen Helfern die Hauptrolle, weil er mir persönlich am nächsten steht.

Dann O l g a Tildes, eine große, heitere Blonde, die sich uns zugesellte. Ich kannte sie nicht im Leben. Sie war schwedischer Abstammung, Schullehrerin in Los Angeles und außerdem ein professionelles Medium.

Und schließlich M u r i e l, eine Laiennonne aus Uruguay, von deren Existenz ich ebenfalls nichts wußte.

Ricki tritt gewöhnlich als erster auf. Er spricht deutsch, wenn er nicht, unserer Vergangenheit eingedenk, plötzlich ins Bayrische gerät. Olga bedient sich der amerikanischen Umgangssprache, während Muriel es vorzieht französisch zu sprechen. Manchmal beginnt einer von ihnen einen Satz und ein anderer beendet ihn oder sie sprechen gemeinsam, denn in der jenseitigen Welt sind dem Zusammenfließen von Gedanken keine Schranken gesetzt.

Meine Schutzgeister

Mein Lehrer Azanananda, ein sehr hochstehender Geist, ist immer anwesend, wenn meine Helfer und ich in gedanklicher Verbindung stehen; er ergreift jedoch nur selten das Wort. Er war in einem früheren Leben (in Ägypten) mein Bruder, hat aber, da jener Inkarnation eine in Indien folgte, seinen indischen Namen beibehalten. Er ist ruhig und besonnen, und ich nehme ihn als ein sanft-leuchtendes hell-lila Licht wahr. Im Jenseits manifestieren sich nämlich Eigenschaften als Farben. Außer ihm sind da noch weitere Lehrer, Ärzte, Chemiker etc., wie dies bei jedem ernsthaften Medium der Fall ist, und über ihnen wiederum, keiner besonderen Gruppe zugehörig, stehen jene universalen Wesenheiten, die ihre Fürsorge allen zukommen lassen, die ihrer wert und bedürftig sind. Eine von diesen edlen Seelen ist Teresa von Avila, die gemeinsam mit Azanánanda das vorliegende Buch diktierte. Endlich gibt es noch jene ganz erhabenen Wesenheiten, die zu nennen man sich scheut. In den seltenen Fällen, in denen es mir vergönnt war, die eine oder andere von ihnen wahrzunehmen, sah ich sie entweder als ein hell aufleuchtendes Licht oder — wenn dies beabsichtigt war — in Menschengestalt, aber nicht im Raum vor mir, sondern als Bild in mir.

Wünscht nun eines dieser den höchsten Sphären angehörenden Wesen mir etwas mitzuteilen, so geschieht dies durch eine Art Mitteilungskette. Bei solchen von Stufe zu Stufe oder von Wellenlänge zu Wellenlänge herabgesandten Übermittlungen wird lediglich die Essenz dessen, was mitzuteilen ist, weitergegeben, da Geister sich auf diese Weise miteinander verständigen, und erst auf meiner Bewußtseinsebene übernehmen meine Helfer die endgültige Formulierung in einer mir vertrauten Sprache.

Durch einen Essay Rudolf Kassners wurde ich vor kurzem darauf aufmerksam, wie der englische Dichter und Visionär William Blake diese Übermittlungen charakterisierte: „Ich hatte oft Gespräche mit Voltaire", sagte Blake einmal zu Robinson. Auf Robinson's Frage, in welcher Sprache denn Voltaire gesprochen habe, fuhr Blake fort: „Für mein Gefühl war es Englisch. Es war wie das Berühren einer Taste. Er schlug wahrscheinlich Französisch an und meinem Ohre klang es Englisch." Ich selbst empfange diese Botschaften als tonlose Worte und schreibe sie noch während der Übermittlung, so wie sie kommen, in die Schreibmaschine. Vielleicht könnte man den Vorgang so schildern: es ist, als dächte jemand durch mich hindurch, so wie eine Hand durch einen Handschuh agiert. Ich erwähne dieses Durch-mich-hindurch-Denken auf die Gefahr hin, daß diese Formulierung Wasser auf die Mühle derer ist, die von vornherein beschlossen haben, jedweder Erwähnung jenseitiger Stimmen liege eine beabsichtigte oder unbeabsichtigte Täuschung zugrunde.

Diesem widerspricht schon die Tatsache, daß ich des öfteren Material bekomme, von dem ich unmöglich Kenntnis haben konnte. Ich denke etwa an die Durchgabe eines jenseitigen Physikers, dessen Informationen mir als Laien völlig unbekannt waren und die selbst den Fachmann überraschen werden. (Wie bald die Behauptungen dieses Physikers bewiesen werden können, entzieht sich meiner Beurteilung, doch wäre ich von mir aus nicht einmal imstande gewesen, auch nur die jeweiligen Theorien korrekt zu formulieren.)

Was nun die Authentizität des vorliegenden Buches anbelangt, so habe ich Wort für Wort zu Papier gebracht, was mir von Drüben gegeben wurde. Ich würde es als eine grobe Verletzung des mir von den jenseitigen Autoren und von meinen Lesern entgegengebrachten Vertrauens erachten, wenn ich nur das geringste an dem mir diktierten Material änderte. Freilich werden viele der Ansicht sein, das Ganze stamme aus meinem Unterbewußtsein — wenn sie es nicht überhaupt für einen ausgesprochenen Schwindel halten — da man sich ja daran gewöhnt hat, dem Unterbewußtsein alles in die Schuhe zu schieben, was mit der Vorstellung einer rein materiellen Welt nicht in Einklang zu bringen ist.

Doch ist es müßig, jemandem das schwer Beweisbare beweisen zu wollen, der sich von vornherein dagegen sträubt. Hat ein Mensch oder jemand aus seiner nächsten Umgebung auch nur das bescheidenste Erlebnis auf dem Gebiet des Hellsehens, des Hellhörens oder der Telepathie gehabt, wird er geneigt sein, dem, was ich hier sage, Glauben zu schenken oder ihm zumindest offenen Sinnes zu begegnen. Etwas schwerer werden es jene haben, denen diese Gabe fehlt, ganz zu schweigen von Menschen, die ein unüberwindliches Mißtrauen gegen das hegen, was für sie schon immer schierer Aberglauben war.

Indessen hoffe ich, bei dem einen oder anderen Leser an etwas zu rühren, das ihn aufhorchen heißt, denn unsere Zeit stellt weiß Gott nicht nur Fragen, sie hält auch Antworten bereit.

Hinweise für den Leser

Um sich die Lektüre dieses Buches zu erleichtern, bitte ich den Leser, diese Hinweise zu beachten, da sie ihm vielleicht zu einem rascheren Erfassen der vorliegenden Schrift verhelfen werden.

Als erstes eine kurze Zusammenfassung der Lehre dieses Buches, wie sie im elften Kapitel noch einmal in gedrängtester Form gegeben wird.

1
Mit „Welt" oder — wenn ihr das vorzieht — mit „Universum" bezeichnen wir alles, was — nach unserem Ermessen — überhaupt existiert. Das Ganze ist ewig, seine Teile aber nicht. Es ist ungeschaffen, vielmehr, es tritt immer wieder als Schöpfung zutage, und zwar nach einem Gesetz, das wir göttlich nennen.

2
Über die Existenz eines persönlichen Gottes vermögen wir nichts auszusagen. Wir können aber das Vorhandensein verschiedener Existenz-Ebenen bezeugen, die vom Pol größter Dichte und Finsternis bis zu einem Gegenpol reichen, wo ätherischste Transparenz und völlige Erleuchtung herrschen. Diese beiden Pole entsprechen auch der Gegenüberstellung von Gut und Böse, von Himmel und Hölle. Wenn wir von Himmel und Hölle sprechen, bezeichnen wir damit nicht Orte, sondern Seelenzustände.

3
Wir glauben, daß die menschliche Seele ein unzerstörbarer Teil des Universums ist.

4
Wir glauben, daß die Seele immer wieder in eine Welt der Materie zurückkehrt, die ihr besondere Möglichkeiten und Aufgaben bietet. Diese Besuche, auch Reinkarnation genannt, sind von verhältnismäßig kurzer Dauer und werden umso seltener, je höher sich die Seele entwickelt.

5
Wir sind uns der Tatsache bewußt, daß das Universum nach Gesetzen regiert wird, die auf absoluter Gerechtigkeit beruhen.

6
Wir glauben, daß der Mensch während seiner Inkarnation fähig ist, höhere Bewußtseinszustände in sich zu entfalten.

7
Wir bekräftigen, daß zwischen eurer Welt und der unseren eine direkte Verständigung möglich ist.

8
Wir bekräftigen ferner, daß die Geisterwelt den inkarnierten Menschen inspirieren und beeinflussen kann, obwohl er sich dessen im allgemeinen so wenig bewußt ist wie der Entscheidungen, die er im Unterbewußten in Hinblick auf das Gute oder das Böse trifft.

9
Wir haben den Menschen als ein Wesen beschrieben, das aus einer S e e l e besteht und diese wiederum aus der Summe ihrer Vergangenheiten; aus einem A s t r a l l e i b, der dem physischen Leib in allen Einzelheiten entspricht; aus einem Ä t h e r l e i b, der, einer Plazenta nicht unähnlich den physischen Leib umgibt, sich aber nach dem Tode auflöst; aus einer A u r a schließlich, der irisierenden Emanation des Menschen in seiner Gesamtheit. Nach dem Tode vereinigen sich Astralleib und Aura und tragen die Seele, wie der Leib sie trug, solange der Mensch am Leben war.

10
Nach dem Tode wird der Mensch ausschließlich von einem von innen her wirkenden universalen Gesetz gerichtet und niemand vermag ihn von seinen Sünden loszumachen — denn ein jeder muß selbst für sie büßen. Es fällt aber auch keiner in „ewige Verdammnis", wie schwer seine Sünde auch gewesen sein mag, denn jede Sünde kann gesühnt werden.

Und nun noch einige Begriffe und Erläuterungen, mit denen sich der Leser, wenn sie ihm noch nicht geläufig sind, vertraut machen sollte:

1) Die Anwendung des Wortes w i r bezieht sich immer auf jenseitige Wesenheiten — und speziell auf meine Lehrer und Helfer. Sie sind es, die mir diese Seiten diktierten.

2) Das Wort K a r m a bedeutet Tat, genauer: die Folge aller in einem früheren Leben begangenen oder unterlassenen Handlungen, die sich in der gegenwärtigen oder in einer künftigen Inkarnation auswirken. Inkarnation bedeutet Fleischwerdung und in diesem Fall auch Wiedergeburt auf Erden.

3) ESP (Extra Sensory Perception), zu deutsch außersinnliche oder übersinnliche Wahrnehmung (ASW), habe ich dem englischen Originaltext folgend, stets beibehalten.

4) Ich möchte noch einen Begriff vorwegnehmend erörtern. Es handelt sich um die verschiedenen S p h ä r e n oder E b e n e n ; Dante nennt sie „Kreise". Hier ist nicht von etwas die Rede, das die Geister oder ich mir ausgedacht haben, sondern von einer jenseitigen Gegebenheit, die dem Gebiet der „erweiterten Physik" angehört, was besagt, daß die von den meisten nicht wahrgenommene und von vielen nicht anerkannte nächste Welt in der gleichen Weise einer Anzahl von Gesetzen unterworfen ist wie die materielle, uns vertraute, hiesige Welt.

Diese jenseitigen Sphären unterscheiden sich von einander durch den Grad ihrer Dichtigkeit. Diese Dichtigkeit hat nichts zu tun mit einer physikalischen Dichte; sie ist vielmehr gleichbedeutend mit einem Mangel an Erleuchtung. Dies mag zunächst befremdlich klingen, doch wird sich der Leser schnell daran gewöhnen, daß im Zusammenhang mit einer rein geistigen Dimension eine gemeinhin der Psychologie reservierte Terminologie am Platz ist. Was von den Sphären gesagt wurde, gilt auch für die menschliche Seele: je höher sie sich entwickelt, umso mehr verliert sie von jener Dichte, das heißt, umso lichter und leichter wird sie. Und da sich die Seele — ob noch inkarniert oder bereits körperlos in der nächsten Welt — und die Sphäre, der sie angehört, genau entsprechen, bedarf es gar keines Jüngsten Gerichtes, das den Verstorbenen nach seinem Erwachen im Jenseits in die eine oder andere Ebene verweist — ebensowenig wie man einem Fisch mitteilen muß, er gehöre ins Wasser, oder einem Vogel, er gehöre in die Luft.

I

DAS UNIVERSUM

Die Trennung zwischen Physik und Metaphysik ist falsch. Dies als erstes. Denn die eine ist nicht nur die Fortsetzung der anderen, sondern beide gehen ineinander über. Das bemerken aber nur die unter euch, es ist nicht die Mehrheit, die für feinere Schwingungen nicht unempfindlich sind. Aber gerade die nehmt ihr nicht ernst, weshalb wir uns sehr anstrengen müssen, auch nur einen kleinen Bruchteil der denkenden Menschheit zu erreichen. Jene fortgeschritteneren Seelen hat man noch immer nicht in ihrer Eigenart erkannt. Bis jetzt haben sie in eurer Gesellschaft nur eine untergeordnete Rolle gespielt, denn man wirft ja Wahrsager, Medien und Astrologen alle in einen Topf. Für ihre Verdienste fehlt euch noch das nötige Verständnis, eine kritische Fähigkeit nämlich, die sich aus zwei Quellen speist: aus einer Sensitivität für Schwingungen, die jenseits des normalen Bereichs liegen, und aus der Erfahrung, die zum Abwägen qualitativer Unterschiede befähigt. Aber es ist nun an der Zeit, daß Kenner und Richter erscheinen, die die Spreu vom Weizen zu scheiden wissen und die geschulte Medien, Astrologen und Heilkundige auswählen werden und damit eine Tradition wieder aufnehmen, die mit Atlantis versank.

Mittlerweile streuen wir den Samen in den Wind und achten nicht, wohin er fällt. Wir suchen nicht diesen oder jenen Boden, sondern säen, was in vielerlei Erde aufgehen wird.

Wir sind uns zweier Faktoren bewußt: zum ersten ist der überraschend niedere Wissensstand zu nennen, was die sogenannte übersinnliche Wahrnehmung anbetrifft, die man genauer als erweiterte sinnliche Wahrnehmung bezeichnet, denn die Sinne machen nicht etwa an einem bestimmten Punkt halt, sondern fahren fort, aufnahmefähig zu sein jenseits einer Lücke, bei der die Wahrnehmung einer nicht voll entwickelten Mehrzahl der Menschheit endet; zum zweiten die enorme Arroganz eben dieser Mehrzahl. Diese Arroganz verblüfft in unserer Welt sogar jene Neuankömmlinge, die früher dezidierte Vertreter „wissenschaftlichen" Denkens waren. Es ist gewiß ein tragischer Zug in der Geschichte der Menschheit — obschon sich hierin die Neuzugänge der vergangenen Jahrtausende von älteren Kulturen unterscheiden — daß gerade die gegenwärtige Generation essentiellen Wahrheiten gegenüber so blind ist.

Diejenigen unter uns, die imstande sind, weitere, Vergangenheit und Zukunft umspannende Zeiträume zu überblicken, erinnern sich an Epochen, in denen das allgemeine Einsichtsvermögen bedeutend über dem des heutigen Menschen lag. Ihr fragt vielleicht, wie es zu einem solchen Rückschritt kommen kann. Aber selbst ein Rückschreiten auf eine Zeit von vor zehn oder zwanzigtausend Jahren erachten die meisten von uns lediglich als eine geringe Schwankung innerhalb einer gigantischen Vorwärtsbewegung. Es ist schließlich nichts anderes, als wenn einer einen Schritt zurücktritt, ehe er sich anschickt, ein Hindernis zu nehmen, nichts anderes, als wenn einer die Luft einzieht, ehe er aus vollem Halse schreit. Gleichwohl ist es eine Rückwärtsbewegung. Ohne sich dessen aber bewußt zu sein, wirft sich der moderne Mensch in die Brust und betrachtet sich als Krone der Menschheit seit der Schöpfung dieses Erdenkloßes, den man noch heute für einzigartig ansieht und für das Beste und Fortgeschrittenste hält, für die Heimat des kommenden Übermenschen. Aber ihr seid ja gar nicht einzigartig. Ihr haust auf einem Lehmklumpen unter vielen, auf den von Zeit zu Zeit Seelen zurückkehren, um das zu lernen und zu erfahren, was ein Lehmklumpen-Dasein zu bieten hat, d. h. einen Zustand, der sich mit der Existenz auf einem sich noch in einer Dichtigkeitsphase befindlichen Planeten vereinbaren läßt. Doch hat er einen Höhepunkt erreicht, steuert dieser Lehmklumpen seiner endgültigen Auflösung zu, und zwar durch Jahrmillionen dauernde Stadien hindurch, in denen seine Materialität immer geringer wird. Die Menschheit, dann bereits auf einem unleugbaren Gipfel, wird sich nicht länger genötigt fühlen, auf einen Erdball zurückzukehren, der die Mission erfüllt hat, die ihm eine ewige Ordnung der Dinge zugewiesen hatte. Und so werden andere Welten entstehen und vergehen, bis sich nach einem Zeitlauf, dessen Dauer weder Zahl noch Bild einzufangen imstande sind, jene Nacht des Nichts, auch Nirwana genannt, auf die ganze sichtbare Schöpfung senken wird.

Ist dies das Ende? Gewiß nicht. Nichts hört auf. Weder Schöpfung noch Vernichtung, die im Zeitengang aufeinanderfolgen, enden je; ein Einatmen und ein Ausatmen, ein Einschlafen und ein Erwachen zum Dasein in der Materie, während die Einzelseele, ein unendlich kleiner Teil des unzerstörbaren Ganzen, weiterbesteht und sich von Inkarnation zu Inkarnation an nichts erinnert. Sie besteht weiter, ein kostbarer Teil des zeitlosen All, ob nahe am Licht und in der Erkenntnis oder in der tiefsten Finsternis, verstoßen durch ihren eigenen verstockten Willen oder den Mangel an Willen: denn ein jeder wählt ja seinen Platz auf dem aufsteigenden Pfad, der aus der Tiefe der „Hölle" zu Höhen führt, von denen der gewöhnliche Mensch nicht einmal träumt.

Das bringt uns zum freien Willen, zur Freiheit des Menschen, ihn auszuüben und zu den Grenzen, die ihm auferlegt sind durch das, was wir das Gesetz von Ursache und Wirkung nennen möchten. Denn der Mensch hat immer die Freiheit, zu wählen. Hat er aber einmal gewählt, bleibt jenes Gesetz auch im Ablauf eines Prozesses bestehen, der über die Spanne eines einzelnen Lebens hinausgeht und deshalb oft die wahre Natur der Dinge verhüllt. Ist die Ursache erst einmal etabliert, erkennt der Mensch nur noch selten ihre Wirkung, wenn diese in einer folgenden Inkarnation eintritt. Deshalb bleibt auch der Grund für Frustrationen, für ernstliche seelische Schäden und Schwierigkeiten so oft verborgen, und ein hartes Schicksal wird als willkürlich und grausam mißverstanden; dabei handelt es sich um nichts anderes als um die einfache Folge von Ursache und Wirkung. Wer die Astrologie ohne ein umfassendes Gesamtbild anwendet, kreidet alles den Sternen an, weil er nicht erkennt, daß ein Horoskop nichts anderes ist als der Plan, nach dem sich die Gerechtigkeit vollzieht.

Astrologie ist die höchste Wissenschaft, weil sie allumfassend ist. Sie ist der Schlüssel zu einer Erkenntnis, die ohne individuelle geistige Beschränkungen grenzenlos wäre. Sie ist das ABC des Kosmos, die Matrix alles Wissens. Man kann sie zwar studieren und auch teilweise verstehen (heutzutage weniger denn je!), doch ist und bleibt sie einmalig als Grundplan Gottes. Sie ist das fundamentale Prinzip alles Bestehenden, denn sie ist unendlich viel mehr als eine bloße Tabelle, von der man das Schicksal des einen oder anderen ablesen kann. Dies ist lediglich eine Begleiterscheinung und deutet auf einen selten erforschten Plan, der dem Gang des Universums zugrunde liegt. Sicher ist eine Menge wesentlicher Aufschlüsse verloren gegangen, seit Atlantis — oder die Kultur, welche man mit jenem Namen belegt hat — vernichtet wurde, aber die noch erhaltenen Fragmente jener einst großen Lehre bieten mehr Schlüssel für das, was die Natur im Innersten zusammenhält als alles, was sich der moderne Mensch hat einfallen lassen. Denn ein so lückenloses System wie die Astrologie bietet selbst in ihren Bruchstücken noch wertvolle Aufschlüsse. Die nachweisliche Richtigkeit dieser Aufschlüsse hätte denkenden Menschen schon lange auffallen müssen. Aber die Astrologie ist fast bis zur Unkenntlichkeit verdorben. Es darf uns deshalb nicht erstaunen, wenn kluge Menschen, die sich an das halten, was ihnen von Scharlatanen vorgesetzt wird, nicht erkennen, welche Schätze unter so viel Schutt begraben liegen. Wir wollen deshalb kurz zusammenfassen, was die Astrologie lehrt: zunächst einmal handelt es sich nicht um „Einflüsse", die von Planeten, Sonne oder Mond auf Menschen ausgehen. Jeglicher Einfluß rührt von Kräften her, die, wenn auch in gewissen Himmelskörpern konzentriert vorkommend, in ihnen nicht ihren Ursprung haben, sondern das gesamte Universum durchdringen. Diese qualitativ verschiedenen Energien sind grundlegend und ewig im oben beschriebenen Sinn, d. h. sie bleiben manchmal so lange latent, daß man beinahe meinen könnte, sie seien ausgelöscht, ehe sie sich in einem neuen Daseinszyklus wiederum manifestieren. Wer das Namenlose benennen will, erkennt: diese Kräfte sind das, was man sonst mit „Schöpfer" bezeichnet. Ihre Funktion besteht darin, potentielle Welten zu aktualisieren, also Energie dort zu entbinden, wo vorher nur ein Konzept von Energie bestand und dann Energie zu stauen, um damit Materie zu schaffen. Schließlich bewirken diese Kräfte autonom auch die Auflösung der Schöpfungszyklen und zwar dann, wenn das, was wir als „Ordnung der Dinge" bezeichnet haben, es fordert.

So bewegt sich die Ordnung der Dinge dank dieser Energien, die Dienern gleich ihren jeweiligen Pflichten nachkommen. Wir sagen „Ordnung der Dinge", die östlichen Religionen sagen Brahma, Wischnu und Schiwa — also Schöpfer, Erhalter und Zerstörer in einem — nur wären natürlich viele weitere Funktionen zu erfüllen, um die Welt in Gang zu halten. Auch wer mit der Astrologie nur obenhin vertraut ist, kennt neben Brahma, Wischnu und Schiwa weitere personifizierte Eigenschaften — ein ganzes Spektrum verschiedener Kräfte. Das sind die Eigenschaften, die wir verschiedenen Planeten beilegen, die nicht nur durch die Verbindung mit gewissen anderen Faktoren, den Tierkreiszeichen, abgeändert werden, sondern ebenfalls durch die Konstellation der Planeten untereinander. Wir haben aber schon betont, daß Sonne, Mond und andere Elemente der Astrologie nicht die das Einzelschicksal bestimmenden Uranlässe sind, sondern lediglich Zentren, aus deren Mitte kosmische Kräfte nach einem umfassenden Grundplan neu verteilt werden.

Dieser Grundplan — in seiner Gesamtheit niemals sichtbar, partieller Erforschung aber durchaus zugänglich — ist so beschaffen, daß selbst ein Bruchstück ein überaus klares Grundmuster offenbart, welches nicht nur einen beträchtlichen Teil des noch Fehlenden vermuten läßt, sondern auch den Beschauer mit Ehrfurcht vor einer so absoluten Gerechtigkeit erfüllt. Dieser Grundplan ist wie ein Kristall, eine mathematische Formel oder eine Verbindung ganz reiner Elemente, — ein Entzücken für ihn, der Gerechtigkeit um jeden Preis fordert, wie für den Kunstliebhaber, den Musiker, die Seele, die, weit fortgeschritten, auf alle Form verzichten kann und in einer Sphäre lebt, die allein vom klaren Licht des Nichts durchflutet ist.

So vollkommen ist dieser Grundplan, daß der Eingeweihte nicht nur das Schicksal von Individuen, sondern auch das ganzer Gruppen errechnen kann. Letzteres setzt natürlich voraus, daß man ein die gesamte Gruppe repräsentierendes astrologisches Zeichen feststellen konnte. Nostradamus — er ist der bedeutendste Eingeweihte, den wir heute kennen — wußte lückenlos, was mit Atlantis versank und konnte deshalb genaue Voraussagen machen, die auf Individuen und ganze Völker zutrafen. Seine Schriften lassen ihrem Wesen nach kein allgemeines Vorauswissen zu und gestatten die Bestätigung eines Ereignisses erst ex post facto. Dies wurde von höheren Mächten bestimmt, um die Existenz eines göttlichen Planes zwar zu beweisen, nicht aber zugleich den Schlüssel für Künftiges aus der Hand zu geben. Nostradamus war in der Tat seiner Zeit weit voraus, damit jeder, der nach Wissen verlangt, erfahren konnte, wie ein höher entwickelter Mensch beschaffen ist.

Dieser höher entwickelte Mensch wird seine Vergangenheit und seine Zukunft kennen und wird danach handeln. Er wird sich den Wechselfällen seines Schicksals nicht länger wie ein (manchmal wohl widerspenstiges) Lamm unterwerfen, sondern er wird sein Leben so gestalten, wie ihm dies sein tiefes Wissen um die „Spielregeln" dieses Lebens ermöglicht. Er wird sein Handeln nach geistigen Gesetzen richten, die ihn dann überzeugen und nicht bloß veraltete Gebote sind, die man befolgt oder ignoriert, je nachdem, ob man sich an derartige von vielen Menschen als lästig empfundene Vorschriften halten will oder nicht. So wird man ein hartes Schicksal als karmische Vergeltung verstehen und anderen Menschen nichts neiden, sondern erfüllt sein von dem Bewußtsein, daß in der Verteilung aller Annehmlichkeiten (vom guten Aussehen bis zum persönlichen Reichtum) eine berechtigte Ungleichheit herrscht. Bewohnt ein höher entwickelter Menschentyp erst einmal diesen Planeten, werden die drastischeren Unterschiede im Besitz materieller Güter ohnehin aufgehoben sein. Man wird nur minimale Beträge erben; an die Zeit privater Riesenvermögen wird man sich kaum noch erinnern. Das Phänomen des Wettbewerbs unter verschiedenen Organisationen wird allerdings weiterbestehen, da sich dies im Geschäftswesen als sehr fruchtbringend erweisen wird. Mit anderen Worten: weder Regierung noch Privateigentum wird große Unternehmen allein besitzen oder verwalten. Das Resultat wird eine gemäßigte Form des Sozialismus sein. Es wird dann auch keine Monopole im gegenwärtigen Sinne des Wortes mehr geben; große Konzerne werden angehalten sein, miteinander zu konkurrieren, wodurch ganz von selbst der Akzent auf Rentabilität und Fairness fallen wird. Wirtschaft, Verwaltungswesen und Regierungsformen werden sich grundlegend verändert haben, und somit werden Diktatur und Korruption enden, der Fluch des heutigen Menschen, und damit auch die ganze übrige Skala ähnlicher Unerfreulichkeiten.

Leider werden die Mittel, die diese Veränderungen bewirken, dem gegenwärtigen Stand, vielmehr dem Tiefstand der Kultur angepaßt und dementsprechend barbarisch sein. Wir billigen diese Methoden ganz und gar nicht, aber die Menschheit als

Ganzes, von einigen wenigen weiter fortgeschrittenen Individuen abgesehen, ist in ihrer Evolution noch nicht weit genug, um soziale Übel ohne Anwendung unzivilisierter Methoden korrigieren zu können.

Sozialen Mißständen wird man mit der Zeit in angemessener Weise steuern. Nicht nur die von ihnen Betroffenen werden Ungerechtigkeiten aller Art erkennen. Man wird sich allgemein um notwendige Abhilfe kümmern. Meinung und Gegenmeinung werden fair zur Sprache kommen, und eine hinlänglich informierte, ethisch gereifte Bevölkerung wird Entscheidungen treffen. Aber das Millenium steht noch nicht vor der Tür; es wird große Mühe kosten, ehe es anbrechen kann. Es ist unser Teil, euch das philosophische Rüstzeug an die Hand zu geben, indem wir für die zum Dienst an eine „innere Front" Berufenen dieses Lehrbuch diktieren.

In manchen Ländern ist bereits einiges im Gange, und Vorurteile gegenüber Dingen, die man bisher als Aberglauben bezeichnete, bröckeln ab. Leider werden aber gerade die Menschen, die diesen Vorstoß entscheidend bewerkstelligen, unterschiedlich stark von einem Staatswesen versklavt, das einzig auf sein mechanistisches Weltbild schwört. Diktatorisch stören und unterbinden diese Regierungen die freie Forschung dieser fortschrittlichen Geister, indem sie sie dazu zwingen, alle Fakten zu unterdrücken, die nicht so ohne weiteres dem von der Partei gepredigten Materialismus entsprechen. Es handelt sich nämlich um eine Reihe aufsehenerregender „Entdeckungen", die den „Sensitiven" schon immer bekannt waren, aber von der offiziellen Wissenschaft bis heute nicht anerkannt werden. Einige große Wissenschaftler vertraten bereits gegen Ende des 19. Jahrhunderts ausgesprochen fortschrittliche Ideen, die das 20. Jahrhundert dann aus Bequemlichkeit verdrängte. Sowjetische Wissenschaftler von hohen intellektuellen Graden (übrigens auch Wissenschaftler aus den Satelliten-Staaten, in welchen die geistige Freiheit jeweils mit der Entfernung von der Hauptstadt des philosophischen Materialismus zunimmt) sind in ihren Forschungen behindert, weil ihre Ergebnisse auf die akzeptierte Weltanschauung zugeschnitten werden müssen. Niemand wird je wissen, ob diese wiederum die einzelnen Wissenschaftler dazu gebracht hat, nur dort zu forschen, wo es erlaubt ist, oder ob sie geforscht, erkannt und das Erkannte verschwiegen haben. Tragisch ist, daß zwar ein gewisser praktischer Nutzen bei diesen „neuen" Entdeckungen herausspringt (und vielleicht dürfen einige überaus anregende neue Konzeptionen in einer Bewertung des Gesamtbildes nicht fehlen), dafür aber keinerlei geistig-religiöser Gewinn. Im Gegenteil: Phänomene, die an sich gerade auf eine nichtphysikalische Welt hindeuten und keineswegs auf das gegenwärtig akzeptierte (und diktatorisch aufrecht erhaltene) Bild von unsichtbaren, jedoch ausschließlich von physikalischen Faktoren bestimmten Energien, wird falsch erklärt, und der wahre Fortschritt im Sinne einer tieferen Erkenntnis der Welt wird paralysiert. Wissenschaftler, die es besser wissen müßten (natürlich nicht alle!), und von jung auf ideologisch gesteuerte Medien versagen sich gewisse Experimente und Erfahrungen, um nicht den Unannehmlichkeiten ausgesetzt zu sein, in die sie tatsächlich geraten, wenn sie sich diese Experimente und Erfahrungen gestatten. Die erwähnten Unannehmlichkeiten können politische oder persönliche Konsequenzen haben, letzteres besonders für Medien, deren eigene Erfahrungen mit dem offiziellen Dogma unvereinbar sind und für Wissenschaftler, deren Forschungsergebnisse geheimgehalten werden müssen. Trotzdem sind einige technische Entdeckungen enorm und werden eines Tages eben doch weit mehr sein als nur ein Teil eines jetzt einseitigen und verwirrenden Bildes. Andere Regierungen gestatten zwar die Veröffentlichung von Schriften, die weit instruktiver sind, da sie der Wahrheit, wie wir sie begreifen, eher entsprechen; jedoch sind es die Länder hinter dem Eisernen Vorhang, die einen wertvollen Beitrag leisten, indem sie energisch in eine neue Phase experimenteller Forschung eintreten, während man anderswo fortfährt, Statistiken aufzustellen, die schon längst das bewiesen haben, was sie beweisen sollten.

Die Völker der Erde werden sich nicht nur als Ganzes vorwärts bewegen — mit gelegentlichen Regressionen, die euch lange zu dauern scheinen; diese Vorwärtsbewegung ist auch regional in dem Sinne, daß ein Land auf einigen Gebieten anderen Ländern voraussein oder hinter ihnen zurückbleiben kann. Das heutige Rußland liefert hierzu das beste Beispiel. Seine Regierung ermutigt die Forschung, sich in Regionen zu wagen, die man bisher für Überbleibsel mittelalterlichen Aberglaubens hielt, dann aber unterdrückt sie massiv die Gedankenfreiheit und lähmt Entwicklungen, die für die allgemeine Wohlfahrt von höchster Wichtigkeit sind. Rußland ist schizophren: nicht nur weil es seiner Zeit ebenso voraus ist, wie es hinter ihr zurückbleibt, sondern weil es die Wissenschaft als Forschung vorantreibt und zugleich die Wahrheit, die der Menschheit eigentlichste ist, dadurch schändet, daß es hinter fragwürdigen Zielen her ist und dabei das eigene Volk gerade um das betrügt, was die Menschen nachhaltiger stützen und kräftigen würde als jenes Ideal, das man ihnen als das höchste vorsetzt: eine Ethik, die an ein erleuchtetes Verständnis nicht einmal heranreicht, Liebe fürs Vaterland statt einer Liebe und Sehnsucht, die Länder und Völker hinter sich läßt und auf Welten zielt, die (benennt sie wie ihr wollt) schöner sind und vollkommener als alles, was Erdenkinder kennen.

Andere Länder haben Mängel, die hinter den eben genannten kaum zurückbleiben. Die offizielle Religion, wenn auch ohne Bann und Fluch, ist dem Menschen schon lange keine reine, einfache und einsichtige Helferin mehr, die ihm höhere Welten oder höhere Bewußtseinszustände erschließen könnte. (Mit letzteren meinen wir nicht jene heute gängige pervertierte, weil künstliche Erweiterung des Bewußtseins.) Die etablierte Religion in anderen Ländern gefällt sich in gesellschaftlichen und moralischen Halbwahrheiten und ist so bodenlos scheinheilig, daß man sich manchmal fragen muß, ob es nicht besser wäre, es gäbe sie überhaupt nicht. Dann wären Menschen, die ohne geistige Bindungen nicht leben wollen, ebenso auf sich selbst angewiesen wie Millionen ihrer Brüder, die heute hinter dem Eisernen Vorhang im Stillen ein tief religiöses Leben führen.

Es ist auch nicht ausgemacht, ob der Kapitalismus in seiner gegenwärtigen Form dem Kommunismus in seiner gegenwärtigen Form überlegen ist. Beide haben sich beträchtlich zu ändern und müssen einander noch ähnlicher werden, ehe sich ein ideales Wirtschaftssystem entwickeln kann. Von uns aus gesehen ist es aber nicht das ökonomische System, sondern die mit diesem System verflochtene von politischer Macht getragene Infrastruktur, welche letzten Endes dafür verantwortlich ist, daß der Kommunismus in unseren Tagen, obschon von Staat zu Staat divergierend, anderen Regierungsformen, die noch ein gewisses Maß an politischer Freiheit gestatten, unterlegen ist. Die Tatsache, daß in manchen Ländern die Korruption bis in die höchsten Schichten reicht und hierin auch kein Ende abzusehen ist, solange das jeweilige „System" nicht völlig überholt wird, macht ein gerechtes Abwägen von Verdienst und Verschulden schwierig. Allein die in den nicht-kommunistischen Ländern herrschende größere Gedankenfreiheit trägt nicht wenig dazu bei, daß wir diesen Ländern den Vorzug geben.

II

EIN PAAR DEFINITIONEN

Damit der Leser die in diesem Buch gebrauchten Termini besser versteht, möchten wir einige davon erklären. Die Seele ist der unsichtbare und unteilbare Träger unseres Wesens; „unsichtbar", weil lediglich ein Glanz am Sonnengeflecht ihr Dasein enthüllt und „Träger", weil sie in ihrer Tiefe die Summe dessen birgt, was sich von Inkarnation zu Inkarnation angesammelt hat, d. h. während jener Zeiten, in denen sie sich in eine leibliche Form kleidet, um das zu erleben, was eine Spanne Zeit in der Welt der Materie bietet. Die Seele ist eine genau umrissene Monade und nicht, wie manche glauben, etwas, das in ein „kollektives Unbewußtes" übergeht. Die Seele ist ewig in dem Sinne, daß sie immer wieder auf einen bestimmten Planeten zurückkehrt, bis sie dessen sämtliche Möglichkeiten ausgeschöpft hat und für die nächste Form der Prüfung bereit ist. Diese Aufenthalte auf einem Planeten (und später auch auf anderen) finden nur selten statt und sind von kurzer Dauer, vergleicht man damit das lange Verweilen der Seele in einem Jenseits, das von verschiedenen Religionen als Himmel und Hölle bezeichnet wird.

Nach Jahrmillionen — lange nachdem die inzwischen auf einem Zenith angekommene Menschheit die Erde verlassen hat, die sich dann allmählich auflöst, lange nachdem Sonnensysteme und Galaxien ihren Lauf beendet haben — tritt eine Wendung ein: auf das große Werden und Entfalten folgt ein großes Zurücknehmen, ein Zurücktreten aus der Erscheinung, bis sich endlich alle Schöpfung ins Nichts auflöst. Wir wollen hier nicht die

Dauer dieser endlos langen Nacht des Nichts zu messen versuchen, weil jegliche Schätzung ein endliches Bild heraufbeschwören würde. Aber so tief und friedevoll ist dieser kosmische Schlaf, daß kein Gedanke an ein schließliches Erwachen seinen Frieden stört. Und dennoch wird nach Äonen über Äonen die Stunde kommen, wenn eine leise Regung das schlummernde Universum durchzittert. Dann wird die Einzelseele, gemeinsam mit Myriaden von anderen Seelen, erwachen und wie neu geschaffen in einen neuen Daseinszyklus eintreten.

Wie können wir das wissen, da doch kein Erinnern hinter diese letzte Nacht des Nichts dringt? Wir wissen, daß die Seele ewig ist, nie geschaffen wurde und niemals sterben wird. Solche Begriffe übersteigen die Fassungskraft des noch inkarnierten Menschen, nicht aber jene der großen Geister, zu deren Wissen sie gehören und die sich, auch ohne Erinnerung, der Gesetze, die das Universum regieren, bewußt sind. Diese großen Geister induzieren theoretisch, was ihnen praktisch zu erfahren versagt ist. Es ist belanglos, ob ihr dem Glauben schenken wollt; wir aber dürfen uns der Erkenntnis grundlegender Tatsachen, die unser geistiges Wohl unmittelbar berühren, nicht verschließen.

Von größter Bedeutung in diesem Zusammenhang ist das Wissen um geistige Ebenen. Sie sind gewissermaßen einzelne Stufen einer spirituellen Skala, mit der die Distanz von der „Hölle" bis zur Höhe des „Siebenten Himmels" ausgemessen ist. Der Siebente Himmel als höchste Stufe oder Ebene ist der äußerste Seelenzustand, der höchste Grad der Vollkommenheit, den eine Seele zu erreichen vermag; die erste Ebene hingegen der tiefste Punkt, auf den sie fallen kann. (Es erübrigt sich wohl anzudeuten, daß „Himmel" und „Hölle" Seelenzustände sind, nicht räumlich bestimmbare Orte.) Jede Ebene oder Stufe besteht aus sieben Zonen: somit belaufen sich die möglichen Gradunterschiede, nach denen man den spirituellen Zustand eines Wesens bestimmen kann, auf neunundvierzig. Gerade unter der halben Höhe des Weges, in der ersten Zone der dritten Ebene, befindet sich, was wir „das Himmelstor" nennen könnten. Es entspricht dem Status einer Seele, die sich das Recht auf Seligkeit erworben hat. Doch nur wenige erwachen auf dieser glücklichen Ebene, denn die meisten Menschen, die an ihrem eigenen Gutsein nicht zweifeln, gehören dennoch nicht auf diese Stufe und zwar eines kleinen Mangels wegen, den es auszumerzen gilt, ehe eine Seele himmelsreif ist. Wir befinden uns also unweigerlich auf der Ebene, die uns angemessen ist, weil es — rein physisch — unmöglich ist, anderswo zu existieren. Ein Fisch kann nicht auf dem Trockenen leben. Die dem Grad unserer seelischen Perfektion entsprechende Ebene besteht aus dem gleichen Stoff wie die Seele, die dort lebt; sie ist also gewissermaßen in ihrem Element. Kein Richter und kein Jüngstes Gericht muß uns das sagen.

Noch aus einem anderen Grund läßt sich der post mortem Status der Seele ohne Einwirkung von außen bestimmen: daß wir unsern Körper abstreifen, ändert in keiner Weise die geistig-religiöse Stufe, auf der wir stehen; sie ist und bleibt die gleiche. Da nicht alle Menschen ihre moralische und geistige Einstufung vor dem Übertritt in die nächste Welt einschätzen können, zwingt uns nun diese jenseitige Welt, mit vollem Bewußtsein zu erkennen, was manche bitter enttäuschen wird. Die wenigsten Menschen beurteilen sich selbst richtig, soweit sie es überhaupt versuchen, weil ihnen diese Form der Selbstprüfung einfältig und puritanisch vorkommt. Sie sind sich viel zu gut und modern dazu, um an so veralteten Vorstellungen wie Gut und Böse zu kleben. Aber der Gegensatz von Gut und Böse ist nicht aus der Welt zu schaffen, weil er eine Grundwahrheit ist. Der Gedanke, etwas oder ein Mensch könne „jenseits von Gut und Böse" existieren — als Begriff zwar faszinierend und als Buchtitel verblüffend — ist barer Unsinn, auch wenn diese Formulierung bereits in den ehrwürdigen Schriften der alten Inder auftaucht.

Es gibt natürlich alle möglichen Klassifikations-Systeme außer dem gerade genannten, aber im Bereich der menschlichen Psyche und der sie beheimatenden Welten ist diese Art des Klassifizierens grundlegend und jede andere von zweitrangiger Bedeutung. Ein Mensch mag ein Genie sein, und das mag ihn in eurer Welt sehr herausstreichen, was aber sub specie aeternitatis, also nach seiner Ankunft hier bei uns, zählt, ist seine geistige Einstufung. Nur selten befindet sich ein Genie in der Hölle, doch trennen wesentliche geistige Abstufungen die Begabten voneinander. Was ist schließlich Genie? Genie ist das Endergebnis geistiger Bemühungen, die sich von Inkarnation zu Inkarnation summieren. Mozart hätte die Welt als Sechsjähriger ohne eine während vieler Erdenleben entwickelten musikalischen Begabung nicht in Staunen versetzen können. Und wo hätte Aristoteles, an sich schon eine hochstehende Wesenheit, seine Philosophie hernehmen sollen, wenn er das bei zahlreichen Aufenthalten auf diesem Planeten Erfahrene nicht um das ihm ohnehin zu Gebote stehende Wissen bereichert hätte? Daß eine Seele sich auf einem Gebiet hohe Kompetenz erworben hat, garantiert ihr während ihrer Inkarnation noch keine hohe geistig-religiöse Stufe. Ein Genie kann durchaus von minderwertigem Charakter sein bei aller hinreißenden Kreativität; letztere ist schließlich nichts als das Endresultat früherer Erdenleben; der Charakter aber kann durch einen schwachen Willen oder andere Eigenschaften determiniert sein, die entschieden der Vorstellung widersprechen, die man sich gemeinhin vom Genie macht. Dagegen gibt es auch das rein religiöse Genie, dem das gesprochene oder das geschriebene Wort versagt sein mögen, so daß es in eurer Welt, so sehr diese auf sein Dasein angewiesen ist, ungekannt und unbemerkt bleibt. Unbesungen gewährleisten diese religiösen Genies das innere Gleichgewicht der Menschheit, indem sie kosmische Kraft, oft ohne es zu wissen, vermehren, die ihrerseits jene böswilligen Gedanken und Gefühle aufwiegt, von denen die Seelen-Atmosphäre der Erde vergiftet wird. Sie sind es, die in Klöstern leben, im Schatten der höchsten Berge und selbst im Wirrwarr großer Städte; sie strömen Schwingungen aus, die die Wissenschaft noch lange nicht entdecken wird.

Im inkarnierten Menschen ist die Seele von den folgenden Hüllen umgeben: vom **physischen Leib**, den ihr als einziges wahrnehmt, dazu vom **Astralleib**, den man auch „Beta-Leib" nennt und mit verschiedenen anderen Namen bezeichnet. Er ist das genaue wenn auch weniger dichte Ebenbild des physischen Leibes und nimmt den gleichen Raum ein wie er. Er kann den physischen Leib im Schlaf verlassen, ebenso in einer Trance oder während einer Astralreise. Er überlebt den Tod des physischen Leibes, wogegen der **Ätherleib**, der den physischen umgibt, beschützt und mit lebenswichtigen Elementen versorgt, sich binnen weniger Tage nach dem Tode als unnötig geworden auflöst. Manche Menschen verwechseln den Ätherleib mit dem Astralleib, der nun Träger der Seele, des totalen Bewußtseins ist, was zu der irrigen Annahme führt, Geister, die in einer Séance erscheinen, seien nichts als leere Hüllen. Es ist schwer einzusehen, daß sich eine leere Hülle wie eine intelligente Wesenheit verhalten soll, obwohl unter diesen Umständen ein Geist (aus Gründen, von denen noch die Rede sein wird) nicht immer an sein wahres Selbst heranreicht. Ein noch weiter verbreiteter Irrtum will wissen, eine Séance sei im Grunde ein je nach Geschicklichkeit des Mediums dummer oder gerissener Schwindel. Da es aber für ein Medium — und mit der Zeit wird es mehr und immer bessere Medien geben — schließlich viel leichter ist, Phänomene zu demonstrieren als eine komplizierte Maschinerie in Szene zu setzen, der man ohnehin über kurz oder lang auf die Spur kommt, ist die Angst betrogen zu werden in den meisten Fällen unbegründet.

Was geschieht, wenn ein Mensch stirbt? Der Astralleib verläßt den physischen Leib im Augenblick des Todes; genauer gesagt, der Tod tritt durch die Trennung des Astralleibes vom physischen Leib ein, an den er durch eine Art Nabelschnur, häufig Silberschnur benannt, gebunden war. Während des Erdenlebens ist der Astralleib dem physischen Leib und seiner schützenden Hülle, also dem Ätherleib, verbunden, selbst auf ausgedehnten Astralwanderungen, denn eine Trennung bedeutet den augenblicklichen Tod, der auch wirklich zu Zeiten in dieser Weise eintritt, was dann zuweilen mit der Wendung, jemand sei im Schlaf gestorben, beschrieben wird.

Da wir das, was am Menschen unsichtbar ist, also Seele, Astralleib und Ätherleib gerade beschrieben haben, bleibt noch d i e A u r a zu erwähnen. Sie ist nicht etwa ein unsichtbarer Leib, sondern eine in allen Farben schillernde Ausstrahlung, die physische und mentale Zustände anzeigt. Aura und Seele sind während der Inkarnation durch den physischen Leib voneinander getrennt. Nach dem Tode aber vereinigen sich beide und werden, verkleinert und intensiver leuchtend, zu jenem Licht, das die menschliche Seele schlechthin bedeutet. Und nun werden die Dinge für den Uneingeweihten etwas kompliziert: ist der Astralleib erst einmal vom Körper abgetrennt und die Wandlung durch das Sterben vollzogen, kann er sich manifestieren oder auch nicht, je nach Wunsch und Bedürfnis des betreffenden Geistes. So mag dieser Geist Gestalt annehmen wollen, denn viele Menschen fühlen sich tatsächlich nach ihrem Übergang wohler, wenn sie die Gestalt ihrer besten Lebensjahre „anziehen" können, denn Alter und Gebrechen gehören nicht zum eigentlichen Menschen. Aber je höher sich die Seele entwickelt, desto leichter enträt sie der Gestalt. Die ersten Ebenen des Himmels sind noch voll Formen, die an Irdisches erinnern: Tiere, Gebäude, schöne Landschaften voller Gärten und Seen — Dinge, einzig und allein für die Bewohner dieser besonderen Ebene von Wirklichkeit, wie eben eure Welt für euch, nicht aber für uns, wirklich ist. In den höheren Ebenen bleiben die Seelen fast immer gestaltlos, es sei denn, sie legten Wert darauf, daß man sie sofort erkennt, obwohl Farben und Leuchtkraft ihre eigene Sprache sprechen, die eure Sensitiven und wir alle verstehen.

Wir sagten es schon: Himmel und Hölle sind Seelenzustände

und keine Orte, obwohl sie ihren Bewohnern als solche vorkommen. Es gibt aber wirklich Orte im Weltraum, die dank größerer oder geringerer Dichte und einer ihnen eigenen Heilkraft zu bestimmten Zwecken vorgesehen sind. Dort werden zum Beispiel widerspenstige Geister versammelt und umerzogen, solche die von sich aus die Besserung wünschen oder solche, deren Schutzgeister sie dorthin geleiten, noch ehe sich eine schwankende Wesenheit selbst entschieden hat. Dann gibt es Plätze, die euren Gefängnissen nicht unähnlich sind, nur daß ihre Insassen nicht wie bei euch allen möglichen ethischen Entwicklungsstufen angehören, so daß der unverbesserliche Böse neben die reine Seele zu sitzen kommt, die einmal kurz mit dem Gesetz in Konflikt geriet: alle also durcheinander, in Haft und Strafe, die — wir sehen von ein paar exzeptionellen Institutionen ab — diese Seelen in Not noch weiter schädigt. In unseren „Gefängnissen", aus denen keiner ausbrechen kann, wird eine „Umerziehung" bewirkt, und zwar von edlen Seelen, deren geistige Verdienste sie zu angenehmerer Beschäftigung berechtigten. Da sie aber gleichwohl helfen möchten, verweilen diese überirdisch schönen Wesenheiten dort, wo ihre Gegenwart und ihre liebevolle Fürsorge unendlicher Gewinn für die noch unvollendeten Seelen sind. In unserer Welt sind höhere Bewußtseinsstufen ohne Zeugnis und Beweis offenbar; keiner leugnet sie, wenn auch manche sie bekämpfen (Hölle gegen Himmel). An wiederum anderen Orten hält man solche Wesenheiten fest, die andere unverdient quälen. Wir können natürlich nicht die Hölle entvölkern, aber es gibt Mittel, aufsässige Geister gewaltsam zu entführen, Geister, die Menschen zusetzen, deren Karma eine solche Belästigung nicht oder nicht mehr zuläßt.

Es gibt Orte — denn wir sprechen noch immer von Orten — wo Geister, die wissen, daß sie ein Verbrechen begangen haben, ihr Unrecht sühnen und wiedergutmachen können, und zwar unter der Obhut eines Therapeuten, vor dem sie das zu Sühnende rekapitulieren. Der Schuldige muß sich in sein Opfer versetzen, um die Tragweite seiner eigenen Handlung völlig zu begreifen. Handelt es sich um ein Verbrechen, dem viele Menschen zum Opfer fielen, muß der Täter nur so viele Schicksale nacherleben, bis er sein Vergehen voll ausempfunden hat. Dieses abgekürzte Verfahren übt aber keinerlei Einfluß auf das Strafquantum aus, das nach der Motivation und nach dem Ausmaß an Bösem, dem Aufwand an schwarzer Energie, und niemals nach der Anzahl der Opfer berechnet wird. Da Gefangene auf einer solchen Insel — wir sagen Insel, weil solch ein Ort gewöhnlich weit ab und isoliert liegt — sich dort aus freien Stücken befinden und im Allgemeinen äußerst bedacht sind, ihre Schuld zu sühnen, wird ihnen großzügig beigestanden und geraten, wie sie ihre Sühne verstärken und beschleunigen können, um sich desto gründlicher von ihrer Schuld zu reinigen. Diese recht radikalen Mittel sind so schmerzhaft und wirken so durchschlagend, daß manchmal ein Geist seine Schuld in einer Zeitspanne abträgt, die euch erstaunlich kurz vorkommen würde. Aber nicht jeder Sünder ist reuig und manch einer bleibt lieber bei einem Lebenswandel, der völlig seinen Wünschen entspricht. Man sagt: „Am Ende aller Tage stellt jede Sünde ihren Sünder" — was wohl ein poetischer Hinweis auf einen jener großen Daseinsuntergänge ist. Aber bis dahin mag es ein verneinender Geist vorziehen, weiterhin in der Tiefe einer Hölle zu bleiben, zu der er sich selbst verdammt hat, bis „am Ende aller Tage" auch seine Stunde schlagen und nach einer absoluten Ordnung der Dinge auch die letzte Spur von Schlechtigkeit aus den Herzen der Menschen getilgt wird. Denn dann wird sich das Böse selbst verzehren, da ihm jegliche Nahrung entzogen wird, während die Welt sich langsam aufzulösen beginnt.

Doch wenden wir uns jetzt von den Stätten intensiver Buße und Entsühnung jenen zu, wo pflegebedürftigen Seelen beigestanden und zu ihrem inneren Gleichgewicht und schließlicher

Glückseligkeit verholfen wird. Dazu gehören vor allem die, denen ein großes Unrecht widerfuhr oder die das, was ihnen geschah, als ein solches deuten, obwohl es ausschließlich eine karmische Vergeltung war. Dies zu erklären und wenn nötig zu demonstrieren gehört zur Therapie, die wesentlich aus Anwendung des Allheilmittels Liebe besteht. Leidende Seelen werden von Güte durchflutet und von einer Erkenntnis, die ihnen die wahre Ursache ihres Traumas in neuem Lichte zeigt. Alles Drum und Dran eines kostspieligen Sanatoriums wird dafür aufgeboten: Wassertherapie, Blumen, besänftigende Musik, Vogelgesang — denn die Geister, die hier manchmal im Schockzustand ankommen, müssen den Himmel als solchen erkennen und genießen können, ehe sie bereit sind, zu höheren Sphären aufzusteigen. Die Ärzte und Schwestern sind wie in eurer Welt, nur daß hier, mehr als bei euch, der Dienst an den auf sie angewiesenen Seelen schon Erfüllung ist und der Lohn in ihrer Heilung besteht. Doch obwohl diese hilfsbereiten Wesenheiten keinen anderen Lohn verlangen, fördern sie ihre eigene geistige Läuterung, wenn sie verwundeten Seelen aus allen Kräften beistehen und sie wieder auf den Weg zu Harmonie und Glückseligkeit führen.

III

WIE WIR WISSEN ERLANGEN

Wir erlangen Wissen anders als ihr. Unsere Methode ist für uns eine direkte, selbst da, wo sie für euch rein theoretisch ist. Wir schauen auf das Abstrakte und sehen es in konkreter Form, und zwar sehen wir es nicht nur, sondern nehmen es mit unseren fünf Sinnen, vielmehr den erweiterten fünf Sinnen wahr. Theorien werden lebendig, nehmen Gestalt an, verwandeln sich in ein Diagramm, ordnen sich zu visuellen Gebilden, singen, strömen Duft aus, usw. In Worten erblicken wir die ursprüngliche Idee, während ihr euch mit einer Abstraktion begnügen müßt. Wir sagen „Wahrheit" und evozieren eine Farbe, die Wahrheit bedeutet, obwohl diese Farbe — meistens ein transparentes Blau oder Gelb — nicht ausschließlich „Wahrheit" symbolisiert. Es kommt darauf an, an welche Wahrheit wir gerade denken. Wenn mit Blau oder Gelb etwas anderes gemeint ist, präzisiert dies ein zusätzlicher Klang oder Geruch und zwar vollkommener als ein Wort aus eurer Alltagssprache. Und mit „vollkommener" meinen wir, daß „Apfel" zum Beispiel nicht nur das Bild eines Apfels evoziert, sondern auch seinen Duft, seinen Geschmack, und wie er sich anfühlt. Kurz gesagt, wir erfahren das Essentielle des Apfels, ihr nehmt mit dem Symbol vorlieb.

Und Musik steht für uns niemals auf dem Papier, obwohl für einen Musiker in eurer Welt sich gedruckte Musik fast unmittelbar in innerlich gehörte verwandelt. Übrigens kommen alle wahrhaft großen Kompositionen aus unserer Welt, nie aus eurer. Ein minder begabter Komponist stützt sich zuweilen stärker auf das Werk anderer Kollegen oder gewinnt seine Inspiration aus der musikalischen Folklore, aber selbst er kommt nicht ohne seine Muse aus, einen musikalischen Geist, der ihm die Schwingungen verstärkt, was der Komponist als „Inspiration" empfindet. Aber wie schon bemerkt, kommen alle bedeutenden Werke aus unserer Sphäre, wobei der Stil des Komponisten nichts ist als dessen persönliche unverwechselbare Art, das zu übertragen, was er manchmal als Ganzes, öfter in Etappen empfängt. Von uns aus gesehen ist eine Komposition entweder die Schöpfung einer Gruppe oder einer einzelnen Wesenheit, nun im Vollbesitz ihrer Gabe, die, verglichen mit dem Ausmaß ihrer jetzigen Schaffenskraft, im Leben eingeschränkt war. Dieser Einschränkung unterliegen alle inkarnierten Seelen, die in Grenzen gehalten werden, deren Überschreitung ihr geistiges Gleichgewicht gefährden würde. Das eigentliche Geschenk — ihr würdet es Einfall oder Inspiration nennen — kann je nach individueller Veranlagung entweder direkt, d. h. als bewußt empfangener Segen erteilt werden oder aber auf dem Umweg über das Unbewußte.

Was wir über die Musik gesagt haben, gilt auch für Erfindungen. Sie liegen hier bei uns bereit und werden hervorgeholt, wenn man ihrer bedarf, der allgemeine Wissensstand es erlaubt und sich ein Individuum findet, das sich durch eine Reihe von einem bestimmten Arbeitsgebiet gewidmeten Lebensläufen gründlich vorbereitet hat. Mit anderen Worten: ein Erfinder ist ein Mensch, der euch etwas schenkt, das — ohne daß er sich dessen bewußt wäre — potentiell da ist oder sogar in Wirklichkeit schon existiert hat.

Zurück zu der uns eigenen Erkenntnisweise: nicht nur, was den Worten zugrunde liegt, beschäftigt uns; wir greifen auch auf historische Ereignisse zurück, und zwar auf zweierlei Weise. Einmal begegnen wir wohlbekannten historischen Personen und unterhalten uns mit ihnen und zum andern untersuchen wir Urkunden, welche gewünschte Informationen enthalten. Das sind lebende Urkunden, weil der Text gleichsam aus den Schriftstücken herausspringt und deren Inhalt vorspielt, vielmehr nicht nur vorspielt, sondern auch von Empfindungen wie Hitze oder Kälte, Gerüchen und psychischen Strömungen, usw. begleitet wird. Aber diese Texte werden nicht von selbst lebendig; ihr Erforscher muß sie mit beträchtlicher Mühe ins Leben rufen. In diesem Sinne können Akascha-Urkunden* (der Name „Akascha" ist in der esoterischen Literatur gebräuchlich) nur von besonders befähigten Studenten gehandhabt werden, was bei uns immer mit seelisch fortgeschritten gleichbedeutend ist.

Für die fortschrittsfreudigen Geister unter uns — nicht nur für die wißbegierigen (denn Wissen läßt sich auch ohne seelische Vervollkommung erwerben) gibt es Inseln im Weltraum, wo gleichgesinnte Seelen zusammenkommen. Dort sind sie der Erdatmosphäre entzogen, die ihr Interesse und ihre Anteilnahme beanspruchen würde. Diese Zusammenkünfte versteht man am ehesten als eine Art Seminar, das unter der Leitung hervorragender Lehrer in einem Kloster stattfindet. Es herrscht strikte Disziplin, nicht nur weil Disziplin an sich entscheidend zur Charakterbildung beiträgt, sondern weil dank der Intensität der Unterweisung eine außerordentlich große Menge an Lehrstoff in denkbar kürzester Zeit vermittelt werden kann. Diese Inseln sind wahrhaft geweihte Stätten. Ihre Atmosphäre ist von der Transparenz großer Höhen, und Musik erfüllt die Luft. Es ist die legendäre und doch existente Musik der Sphären, mehr Harmonie als Melodie, unaufdringlich und doch der Seele unendlich wohltuend. Es fehlen jedwede Formen, was die Insel gleichsam zum noch leeren Bildschirm macht. Die Unterweisung besteht nicht aus gesprochenen von instruktiven Bildern begleiteten Worten, vielmehr verwandelt sich der „noch leere Bildschirm" in eine Bühne, auf welcher das Thema vor-

---

* „Akascha" bedeutet in der indischen Philosophie so viel wie Äther, der sowohl materielle wie immaterielle Gegebenheiten in sich einschließt.

gespielt und vom Publikum in einer alle Sinne in Anspruch nehmenden Weise aufgenommen wird, so daß schließlich Spiel und Zuschauer eins werden. Auf diese Weise durchdringt neues Wissen den Geist der Adepten, die geübt sind, alle herandrängenden Gedanken von sich wegzuhalten. So intensiv ist der Lernprozeß, daß die teilnehmenden Geister schlafähnliche Ruhepausen einlegen müssen, was sonst in unserer Welt nicht notwendig ist, ebensowenig wie Nahrung, da wir uns mit aus verschiedenen Quellen fließender Energie erfrischen, unbewußt und mühelos, etwa wie ihr atmet. Aber hier, auf diesen Inseln des intensiven Fortschreitens, wo die Seelen übermäßig aufnahmefreudig sind, werden Maßnahmen getroffen, um die große geistige Anstrengung während der Unterweisung auszugleichen. Schließlich wirkt schon das bloße Dasein der schönen Seelen, die diese Seminare leiten als starker Anreiz ihnen nachzueifern. Und so verlassen die Schüler, die während eines oder mehrerer Jahre der Erdatmosphäre entrückt waren, jene Rauminsel wieder, nachdem sie ein gewaltiges Stück vorangekommen sind.

IV

DIE HÖLLE

Wir haben versucht, den Himmel kurz zu beschreiben, indem wir ein paar Skizzen aneinanderreihten, auf die wir später noch detaillierter zurückkommen werden. Jetzt steigen wir in die Hölle hinunter. Doch möchten wir euch nochmal daran erinnern, daß die Hölle kein Ort ist, wo Teufel Menschenseelen quälen. Höllenqualen werden häufig von denen geleugnet, die unter ihnen leiden, da diese verlorenen Seelen sich dem radikal entfremdet haben, was die Mehrzahl fühlender Wesen als Norm empfindet. Diese Geister leben nicht nur in seelischer Finsternis, sondern auch weit entfernt von dem, was man als geistige Gesundheit bezeichnen könnte. Sie sind eben beides: böse und wahnsinnig. Diese zwei Eigenschaften sind das Gegenteil von „gut" und „erleuchtet" und entlang der Achse dieser großen Polaritäten entfaltet sich das gigantische Drama das Lebens. Es ist ein krasses Bild, das viele seiner scheinbar kompromißlosen Härte wegen von sich weisen. Wir müssen aber immer zuerst eine Wahrheit postulieren und uns dann fragen, warum sie so und nicht anders ist. Wir finden, die von uns verkündete Wahrheit ist nicht annähernd so grausam wie einige Dogmen, die euch glauben machen wollen, auf ein in einem kurzen Menschenleben begangenes Verbrechen folge ewige Verdammnis. Dann gibt es aber auch solche, die dem Begriff des Bösen den Stachel nehmen wollen und sagen, es sei nichts als die Abwesenheit des Guten, ein Entferntsein von Gott, ein Nicht-Ding oder allenfalls ein „Irrtum". Dieser Irrtum liegt aber im Dogma selbst, wie wir, die wir in der Lage sind diese Dinge zu beurteilen, bezeugen können.

Das Böse ist eine definitive, unpersönliche Macht, so gewichtig wie sein Gegenpol, das Gute; — eine allgegenwärtige Möglichkeit, wo Materie existiert. Es ist ein weit stärkerer Magnet als die äolische Sphärenmusik. Und doch hat, wer dem Licht zustrebt, eine Wirklichkeit entdeckt, die seinem eigentlichen Wesen entspricht und ihm untrennbar angehört: seinen Himmel und seine Wahrheit. Die Vorstellung, das Böse besitze gar keine Realität, ist natürlich sehr tröstlich, weil es das ja auch für den, der in eine andere Wirklichkeit entronnen ist, in der Tat nicht besitzt; es deshalb aber gänzlich zu leugnen, heißt sich selbst betrügen und eines gültigen Weltbildes verlustig gehen. Und was das Wichtigste ist: wer das Böse leugnet oder verkennt, wird unfähig sein, sich mit ihm erfolgreich auseinanderzusetzen, wenn es ihm in einer seiner vielen Gestalten entgegentritt.

Ihr möchtet vielleicht wissen, wie ihr euch denen gegenüber verhalten sollt, die sich dem Pol der Verneinung, dem Teufel, zugewandt haben. Darauf antworten wir: zunächst versucht zu unterscheiden zwischen einem, der des Teufels Handwerk von ganzem Herzen unterstützt und einem seiner Opfer, also zwischen einem freiwilligen und einem unfreiwilligen Anhänger des Bösen. Unglückliche Opfer von Dämonen sind bis zu einem Grade durchaus beeinflußbar; hat man es aber mit einem wahrhaft satanischen Wesen zu tun, liegen die Dinge anders. Es ist sicher nicht leicht für euch, jetzt schon die Spreu vom Weizen zu scheiden, und so solltet ihr es ruhig mit gelinder Überredung versuchen, bis ihr merkt, daß ihr wirklich an eine Höllenkreatur geraten seid. Aber selbst dann kommt es euch nicht zu, eigenmächtig zu strafen; doch sollt ihr euch gegen diese Feinde der Menschheit schützen und eine hinreichende Anzahl gut eingerichteter Gefängnisse bauen, in denen diese mißratenen Kreaturen human aber sicher aufgehoben sind. Auch in der niedrigsten Menschenkreatur kann sich das Herz regen, und Versuche, sie zurückzugewinnen, dürfen deshalb nie aufhören. In Zweifelsfällen sollte man sie nicht auf freiem Fuße lassen, da sie gegenwärtig ohnehin zu viele ihrer Mitmenschen gefährden. Gefängnisse müssen fluchtsicher sein, sie sollten aber auch Gärten haben und alles, was, psychologisch gesprochen, Gärten entspricht.

Aber wieder zurück zur Hauptsache: die Welt muß unbedingt einzusehen beginnen, daß das Böse eine Realität ist, die sich auf vielerlei Weise manifestiert. Dieser Tatsache muß mit weitaus größerem Verständnis begegnet werden als bisher. Wie kann man dem Bösen widerstehen, wenn man es nicht in seiner Wirklichkeit erkennt? Es ist bedauerlich, daß es heute Mode ist, die Existenz des Bösen als mittelalterliche Vorstellung abzutun oder die Erwähnung des Unterschieds zwischen moralisch und unmoralisch als puritanisch zu etikettieren. Man wird für aufgeklärt gehalten, wenn man sich in Fragen über Gut und Böse, Recht und Unrecht, jedes Urteils enthält und über den Dingen steht. Die meisten modernen Psychologen postulieren diese Fragen erst gar nicht, wenn sie mit antisozialem Betragen konfrontiert werden, das sie ganz allgemein Kindheitserlebnissen und dem sozialen Milieu, nicht aber dem Individuum selbst anlasten. Kindheitserlebnisse und soziales Milieu spielen in der Tat eine Rolle, aber meistens nur eine sekundäre. Die moderne Psychologie weiß nichts von früheren Leben, nichts von der allmählichen Ballung schlechter Charakterzüge über Inkarnationen hin und während darauf folgender nicht-inkarnierter Seinszustände. Auch wer Freud, Jung, Adler und andere Pioniere auf dem Gebiet der Psychologie gelesen hat, ist wenig darauf vorbereitet, diesem Problem gerecht zu werden. Wir wollen das Werk dieser hervorragenden Männer nicht schlecht machen; sie haben schließlich versucht, ein der Welt heute abhandengekommenes Wissen zurückzuerobern. Aber sehr zum Schaden der im Dunkeln tastenden Menschheit ging ihnen eine

Gesamtsicht ab, die sie der Wahrheit hätte näherbringen können. Wird die Existenz des Bösen erst wieder anerkannt, so wird man in Irrenanstalten auch die richtigen Diagnosen stellen können in Fällen von Besessenheit und ähnlichen Geister-Manifestationen, deren längst fälliges Verständnis, besonders in Bezug auf mediale Phänomene, der Menschheit von Nutzen sein könnte.

Wir haben von Bewußtseinsebenen gesprochen, von den unsichtbaren Körpern des Menschen und von Orten, wo Seelen festgehalten, gefördert und geheilt werden; jetzt müssen wir davon sprechen, wie unsere Welt die eure prägt. Wir bemerkten schon, eure Psychologie wisse nichts von vorangegangenen Leben und von ihrer Wirkung auf das gegenwärtige und erwähnten damit nur eine wichtige Lücke in dem Material, auf dem euer Bild vom inneren Menschen basiert. Aber es gibt noch andere, ebenso wichtige Wissenslücken, z. B. euer Unwissen, was die enorme Wirkung betrifft, die von guten und bösen Kräften ausgeht. Jeder einzelne von euch ist eng mit Wesenheiten aus unserer Welt verbunden, und zwar je nach seiner Existenzstufe und seinen individuellen Neigungen. Jeder einzelne von euch hat einen sogenannten Schutzengel, besonders in der Kindheit, wenn das an sich gute wie das an sich böse Kind die Gegenwart eines wohlmeinenden Geistes verlangt und gestattet, der die junge Seele vor physischen und moralischen Gefahren bewahrt. Setzen sich böse Charakterzüge durch, zieht der Schutzengel sich zurück, und zwar zufolge eines Gesetzes, das schon in sehr zartem Alter freie Wahl gestattet und geistige Einflüsse, in denen sich eine innere Wahlverwandtschaft auswirkt, autonom reguliert. Wie wir schon kurz erwähnt haben, ist der Mensch die Summe vorangegangener Leben und die Tatsache, daß sich eine reinkarnierte Seele noch im Kindheitsstadium befindet, fällt dabei nicht ins Gewicht. Der reizende Lockenkopf eines Buben oder Mädchens kann schon Gedanken hegen, die ebenso böse sind wie die eines ausgewachsenen Verbrechers, von ihm höchstens durch mildernde Unreife unterschieden, nicht aber dem Wesen nach. Ererbte Neigungen — wir sprechen hier vom Erbe vorangegangener Existenzen — offenbaren sich sehr früh im Leben und sollten nicht übersehen oder leicht genommen werden. Zerstörerische Züge machen sich schon vor dem Kindergarten-Alter bemerkbar. Eltern und Erzieher sollten vor ihnen auf der Hut sein. Ab und zu besteht nämlich die Möglichkeit, diese schlimmen Züge zu korrigieren oder wenigstens zu mildern. Man sollte prüfen, auf welche äußeren Ursachen das feindselige Betragen möglicherweise zurückgeht und diese wenn irgend möglich zu beseitigen versuchen. Jene scheinbar äußeren Ursachen sind aber oft bereits Teil einer karmischen Bestimmung, die angeborene Neigungen intensiviert. Man sollte keine Mühe scheuen, ein mißhandeltes Kind zu retten, aber kein Kind, das nicht in einem früheren Leben ein anderes Geschöpf gequält hat, ist je mißhandelt worden. Aber wir beeilen uns hinzuzufügen: da niemand wissen kann, wann eine karmische Schuld getilgt ist, sollt ihr einem leidenden Mitmenschen immer zu Hilfe eilen, denn ohne daß ihr es wißt, kann es einem von euch bestimmt sein, gerade durch eure Handlung einen Wendepunkt im Karma jener Seele zu bewirken. Wir fassen zusammen: ihr sollt das Leiden anderer unter dem Aspekt einer tätigen göttlichen Gerechtigkeit sehen (sonst wäre das Leben völlig unerträglich), ihr sollt aber auch euer Äußerstes tun zu heilen und zu retten, sobald ihr des Leidens gewahr werdet. Habt ihr aber dennoch keinen Erfolg, ist der Grund hierfür offenbar.

V

HÖHERE SPHÄREN

Wenden wir uns nun einem froheren und glücklicherweise auch viel öfter vorkommenden Geschehen zu: alle, die Geleit, Hilfe und Inspiration höherer Wesen verdienen, werden dieser Segnungen teilhaftig. Die meisten Sterblichen halten sich für gute Menschen, jedenfalls nicht für absichtlich böse, aber nur ganz wenige lassen die Grenze hinter sich, welche die niederen von den höheren Ebenen trennt. Wer aber geringfügiger Mängel wegen noch nicht in den Himmel eingegangen ist, bemüht sich meistens so eifrig um die eigene Vervollkommnung, daß er sich gerne der Obhut von Geistern anvertraut, die ihn schließlich seinem Ziel entgegenführen. Der Durchschnittsmensch, der es oft gut meint, aber selten richtig handelt und im Grunde unfähig ist, seine eigene Lage korrekt zu beurteilen, schlägt trotzdem die Ermahnungen seines Schutzengels nicht in den Wind, weil ihn eine angeborene Neigung heißt, sich dem Licht zuzuwenden. Dieser Führung ist er sich natürlich in keiner Weise bewußt, bis er in der nächsten Welt erwacht. Nach seiner Ankunft bei uns trifft er nicht nur den Schutzgeist seines Lebens, sondern auch andere Wesenheiten, die ihm während der Zeit seiner Inkarnation geholfen haben. Dann wird der Neuangekommene auch mit allen, die er auf Erden gekannt hat, wieder vereint und wird manches ihm vertraut scheinende Gesicht sehen, an das er sich aber nicht erinnern kann. Allmählich aber wird ihm seine Rolle in der Vergangenheit wieder klar. Alte Freundschaften werden erneuert, frühere Liebesbeziehungen erwachen aufs neue, schöner und frischer denn je.

Alles, was sich gleichsam hinter den Kulissen des Lebens abgespielt hat, wird nun vor euren Augen vorbeiziehen wie etwas, das, tief vertraut, aus eurer Seele aufsteigt. Während ihr inkarniert seid, erreichen euch euer Schutzengel und andere hilfreiche Geister über euer Unterbewußtes, was aber nur von Sensitiven bemerkt wird und von ein paar Kindern, die für jenseitige Einflüsse empfänglich sind, bis man es ihnen ausredet. Ihr mögt Winke und Zeichen empfangen und plötzlich auf Ideen kommen oder im Schlaf Entscheidungen treffen, die alle aus dem eigenen Ich aufzusteigen scheinen, dabei aber meistens auf äußere Einflüsse zurückzuführen sind. Seid ihr erst einmal hier, werdet ihr eure Lehrer und andere um euch besorgte Seelen wiedererkennen, die an euren irdischen Interessen teilhatten, über euer Wohlergehen wachten und sich sogar um die Erledigung alltäglicher Pflichten kümmerten. Und warum tun sie das alles? Weil fortgeschrittene Seelen im allgemeinen uneigennützig sind und weil das, was sie an anderen tun, sie selbst weiterbringt. Der eigene Fortschritt ist aber fast beiläufig und nie der Zweck dieses altruistischen Handelns, das sich in dem Maße vertieft wie sich ein Geist vervollkommnet, bis der Wunsch sich aufzuopfern ans Heroische grenzt. So mag es geschehen, daß sich große Seelen den tiefsten Leiden aussetzen, um die höchste Reinheit zu erlangen. Diese verleiht ihnen überirdische Kraft, mit der sie die Masse von aufgehäufter Finsternis aufheben, in der sich die Welt immer aufs neue verliert.

Jesus ist ein leuchtendes Vorbild für eine solche Art der Erlösung. Er starb nicht, auf daß jeder Mensch von der Buße für seine Sünden befreit werde, wie dies das Gesetz der sich selbst vollstreckenden Gerechtigkeit fordert. Und doch erlöste er die Welt, denn er füllte die Himmel mit neuem Glanz und erneuerte den Urquell alles Guten. Jedoch war Jesus nicht das einzige große Wesen, das sich geopfert hat. Es gab andere und sogar recht viele, die es immer wieder auf sich nahmen, die Welt aus der Verderbtheit, in die sie geraten war, wieder zu erretten. Nicht immer war das Leiden so bitter und das Opfer so überwältigend groß wie auf Golgatha. In die Welt inkarniert zu werden, die für ein höchstes Wesen ein Inferno ist, bringt jedoch unvorstellbares Leiden. So mußte Buddha seine schweren Prüfungen nicht auch noch mit dem Kreuzestod krönen. Und doch wurde er, da er noch auf der seiner jenseitigen Urheimat so völlig fremden Erde wandelte, stündlich ans Kreuz geschlagen. Der vorübergehende Abstieg in eine niederere Sphäre ist für eine nicht inkarnierte Seele ein noch größeres Martyrium als eine lebenslange Inkarnation, denn so qualvoll ist die Anpassung an die tiefere Ebene, daß jeder Atemzug einem Atemholen im Feuer gleichkommt. Diese Metapher trifft es übrigens genau: die geistige Atmosphäre der Erde und anderer niederer Sphären ist infolge ihrer völlig anderen Schwingungen so beschaffen, daß eine Angleichung ohne anhaltenden schmerzhaften Kraftaufwand nicht zu erreichen ist.

VI

VON GUTEN UND VON BÖSEN KRÄFTEN

Geister können von höheren sehr wohl vorübergehend auf tiefer liegende Ebenen herabsteigen, in umgekehrter Richtung ist dies aber nicht möglich: Geister aus niederen Ebenen steigen erst dann auf, wenn sie sich emporgearbeitet haben. Es ist dies eines jener grundlegenden Gesetze, die sich einer genauen Erklärung entziehen. Und doch können sich Wesenheiten aus der Hölle frei in eurer Welt bewegen, was sie ja auch tun. Obwohl die geistige Stufe der Erde über der jener höllischen Besucher liegen mag, lassen Unterströmungen innerhalb der geistigen Erdatmosphäre es zu, daß sich böse Kräfte in diesem Bereich recht behaglich fühlen. Einige Stätten eignen sich besser hierfür als andere, deren Charakter bereits die Gegenwart dunkler Kräfte ausschließt. Kein Wächter muß sie von dort verjagen, denn die Schwingungen, die solchen Orten eignen, sind bösen Kräften unerträglich. Dann aber gibt es Orte, von denen Dämonen angezogen werden, und der Anblick solcher Zusammenkünfte ist uns oder dem Auge des Hellsehers ebenso widerwärtig wie ihr Pendant in der Hölle. Ein dunkler Geist pflegt sich in Gesellschaft eines bösen Menschen aus mehr als einem Grunde wohlzufühlen: erstens floriert er in dessen Dunstkreis und zweitens kann er ihn zugrunde richten oder für seine eigenen Zwecke mißbrauchen, d. h. er kann seinen Perversionen frönen und kann zugleich andere menschliche Wesen verderben.

Die Welt wäre ein Paradies, gäbe es diese bösen Kräfte und ihren Einfluß auf die Menschheit nicht. Aber so wird dies das traurigste Kapitel sein, das wir diktieren müssen. Was immer an schlimmen Neigungen in den Herzen der Menschen schlummert, würde sich innerhalb von ein, zwei Generationen verringern, denn böse Instinkte sterben mit der Zeit ab, es sei denn sie werden ständig von schwarzen Kräften geschürt. Bösesein ist viel anstrengender als die meisten Menschen annehmen und ohne fortwährenden Zufluß schwarzer Energie würden sadistische Triebe ermatten und Jähzorn und Unredlichkeit wären wie kleine Feuerzungen, die auf regendurchtränktem Boden weiterzubrennen versuchen, denn ein Klima des Wohlwollens auf dieser Welt würde die von niederen Ebenen angestifteten Manifestationen einfach zunichte machen. Aber zum Unglück für die Menschheit ist diese Welt ein Schlachtfeld, auf dem sich lichte und dunkle Mächte gegenüberstehen. Sonst würde auch die in alle Ewigkeit zufriedene Seele sich verlieren, und das Unkraut im Garten Eden nähme überhand.

Und dennoch wünschten auch wir, die diese Botschaft diktieren, die Dinge lägen anders. Das Prinzip des Bösen ist für uns ebenso schwer zu akzeptieren wie für die unter euch, die das Böse nicht einfach übersehen oder leugnen. Wir, Evas Lehrer, wenn auch auf einer hohen Existenzebene, sind auch Wesen, die um den Sinn ihres Universums ringen, ja, ihres und eures Universums, denn sie sind ein und dasselbe, nur daß wir das Ganze von einer höheren Ebene betrachten, d. h. aus Erkenntnissen, die euch noch verschlossen sind. Aber wir sind trotz allem menschliche Wesen, die spekulieren und Debatten haben, wenn sie zusammenkommen. Wir nehmen das Gegebene nicht einfach hin; wir begegnen Tatsachen und machen uns Gedanken über sie. Wir haben natürlich allen Grund, an eine göttliche Vernunft zu glauben, aber wir akzeptieren ihre Auswirkungen nicht ohne weiteres. Wir lernen noch immer und wundern uns auch bisweilen, und obwohl wir euch eine ganze Menge mitteilen können, sind auch unserem Verstehen Grenzen gesetzt. Wir sagen euch das zu eurer Information. Aber jetzt haben wir unsere Bedenken ausgesprochen und unser Herz erleichtert und wollen euch wieder Führer und Cicerone sein. Wir mußten das alles schon deshalb erwähnen, um euch wissen zu lassen, daß wir manchen Einwand, den ihr haben mögt, mit euch teilen. Wir sind keine Übermenschen, sondern Männer und Frauen auf einer höheren geistigen Stufe als die meisten von euch — aber was besagt das? Heiligkeit macht uns nicht zu Wesen, die euch so überlegen sind, daß sie für die Unvollkommenheiten eures Geistes und eurer Herzen kein Gefühl hätten. Einige von uns mögen einmal Helden und Heldinnen gewesen sein. Wir leben aber nicht ständig in jener Atmosphäre. Wir sind menschlich, euch nicht unähnlich, und ihr gleicht uns in manchem. Auch wir sind gebrechlich, haben Zweifel und Mängel. Wir sind Männer und Frauen, die sich für das, was sie gegenwärtig tun, besonders eignen, denn so unvollkommen wir sein mögen, wir haben immerhin die hier angeschnittenen Fragen unter der Leitung vollendeter Wesen erwogen. Diese Wesen sind im Begriff, ihre Individualität aufzugeben, um sich mit anderen dem Göttlichen zugewandten Seelen zu vereinen. Gemeinsam mit ihnen bilden sie einen lebendigen und tätigen Teil jenes großen Lichtes, aus dem alles Gute fließt.

Nachdem wir ausgesprochen haben, was uns am Herzen lag, wenden wir uns noch einmal den bösen Kräften zu und der Rolle, die sie im Leben der Menschen spielen. Diese Kräfte üben ihren Einfluß auch auf hiesige Geister aus, die sich aber — und das unterscheidet sie von euch — dieses Einflusses bewußt sind. Von diesen Tatsachen weiß man in eurer Welt praktisch nichts, weil in der gegenwärtigen Ära das Verständnis für Unsichtbares auf einen Nullpunkt gesunken ist. Euer ohnehin nicht umfangreiches Wissen wurde im Mittelalter bis zur Unkenntnis entstellt, so daß heute kaum einer den Berichten über mancherlei Besessenheit, Hexenkünste und Ähnliches Glauben schenkt. Der Menschheit zum Schaden entspricht diesen Berichten eine objektive Realität. Abgesehen davon, daß sich gute wie böse Geister dem Verständnis derer anzupassen haben, vor denen sie erscheinen, sind diese Phänomene im wesentlichen echt. Jahrhundertelang präsentierten sich böse Geister mit Hörnern, Hufen, Schwänzen — von anderen Körperteilen ganz zu schweigen — um von den Zuschauern erkannt zu werden, ebenso wie es ja auch eine Tracht für gute Geister gab, nämlich Flügel, Heiligenschein und sorgfältig verhüllte Geschlechtsmerkmale. Ab und zu wurde der Name eines berühmten Erzengels, der Heiligen Jungfrau oder gar des Allmächtigen selbst verwendet, jedoch b o n a f i d e und zu einem würdigen Zweck. Doch die in die Tracht ihrer Zeit gekleideten guten und bösen Geister entsprachen im Grunde ihrem innersten Wesen. Selbst als man den Teufel mit Beelzebub vertrieb, blieb das so. Damals verwandelte man damit allerdings die Welt in ein Inferno, in dem mannigfacher Aberglaube (etwa die „Kostüme" betreffend) und die von Beelzebub (sprich: von der Kirche) geschürten Ängste herrschten. Aber löscht beide aus, Aberglauben und Angst, und es bleibt ein wahres Bild von dem, was war, was ist und was sein wird. Sein wird, außer man legt dem Teufel mit etwas mehr Verständnis das Handwerk, indem man es als das erkennt, was es ist, anstatt es mit gut klingenden aber falschen Begriffen zu etikettieren und aus der Welt herauszuexplizieren.

Güte und Einfühlung sind Heilmittel, die seit Jahrtausenden wirken, und ein wirklich berufener und kluger Psychiater oder Psychoanalytiker kann daher seinen Patienten sehr wohl helfen. Auch die Wiederentdeckung unterbewußter Mechanismen kann von Nutzen sein, aber damit endet bereits die Weisheit des heutigen Seelenarztes. Denen von euch, die ihr Ohr unseren Mitteilungen nicht verschlossen haben, möchten wir raten, sich ernstlich mit alledem auseinanderzusetzen und in ihrer Praxis auf das zu achten, was ihnen an Evidenz hierfür begegnet. Die psychiatrische Fachliteratur weiß von vielen aufschlußreichen Zeugnissen, die man einmal im Zusammenhang mit bisher ignoriertem oder falsch interpretiertem Material sehen muß — etwa das Eingreifen einer unsichtbaren zweiten Persönlichkeit oder die Behauptung, ein Einfluß von außen hätte gewisse Handlungen angestiftet. Alles dies ist reichlich belegt und sollte neu gedeutet werden. Dazu aber bedarf es eines Menschen, der willens ist, Hohn und Wut seiner Fachgenossen auf sich zu nehmen.

In der Tat haben nur wenige Menschen in eurer Welt auch nur einen Schimmer davon, wie sehr und wie anhaltend ihr äußeren Einflüssen ausgesetzt seid, und zwar euren Neigungen entsprechend sowohl guten wie bösen. Wir sehen das so: jeder von euch stellt gleichsam den Brennpunkt von Interessen dar, die aus vielerlei Quellen stammen und von Individuen oder Gruppen unserer Welt herrühren können. Seid ihr einmal über die dritte Ebene hinaus oder auf dem Weg zu ihr, scharen sich inspirierende Helfer und Lehrer um euch. Befindet ihr euch aber unterhalb dieser Grenze, werdet ihr zum Gegenstand böser Einflüsse, und wenn ihr wie die meisten von uns zwei Seelen in eurer Brust habt, werdet ihr wechselweise von beiden Polen, dem guten und dem bösen, angezogen. Oder aber ihr strebt dem einen Ziel zu, und dämonische Einflüsse zerren euch in die entgegengesetzte Richtung. So mag einer wohltätig und großzügig sein und seinen Mitmenschen mit Eifer dienen, aber an einer Schwäche, etwa der Trunksucht, leiden, die ihn schließlich daran hindert, sich auf seiner geistig-religiösen Höhe zu halten. Manchmal ist dieser Zwiespalt so extrem, daß er einen Menschen völlig uneins mit sich selbst macht. Nach dem Übertritt in unsere Welt aber braucht er alle von innen und außen verfügbare Kraft, um sich aus diesem Zustand zu befreien, denn eine Kette ist nicht stärker als ihr schwächstes Glied, und die hiesige Existenzstufe eines Menschen ist nicht höher als sein allerschwächster Zug es zuläßt. Manche Seelen — die Hölle ist voll von ihnen — haben wundervolle Anlagen und doch verweilen sie einer einzigen ungemeisterten Schwäche wegen unterhalb der dritten Stufe.

Wie üben schwarze Kräfte ihren Einfluß auf die Menschen

aus? Zunächst muß eine Seelen-Verwandtschaft zwischen der nichtinkarnierten und der inkarnierten Seele bestehen. Ohne diese Wahlverwandtschaft zwischen Menschen und Geist scheitern alle Versuche eines Geistes, dem Menschen zu helfen oder zu schaden. Eine reine Seele vermag kein noch so böser Geist zum Mord zu verführen, nicht einmal im Zustand der Trunkenheit oder des Drogenrauschs. Um ein menschliches Wesen zu beeinflussen, wendet ein Geist entweder Telepathie an oder aber er begibt sich in die Aura eines ihm seelenverwandten menschlichen Partners und handelt für ihn, gleichsam wie die Hand im Handschuh. Verbleibt ein Geist permanent in der Aura eines Sterblichen, sprechen wir von dämonischer Besessenheit. Anhaltende Besessenheit ist gleichbedeutend mit Kriminalität oder Wahnsinn. Die Wesenheit, die eine solche Besessenheit verursacht, also ihr Opfer in jedem Sinne des Wortes „besitzt" und sich vorübergehend oder dauernd in die Aura eines Sterblichen eingenistet hat, vermag dessen Denken zu beeinflussen, indem sie Gedanken suggeriert, die sich von den eigenen Gedanken des Mediums nicht mehr unterscheiden. Wir sagen „Medium", weil wir hier von der Fähigkeit des Menschen sprechen, Befehlen zu folgen, die er ohne eigenes Wissen empfangen hat. In diesem Sinn ist jeder Mensch ein Medium, denn jeder ist der unbewußte Empfänger von Eingebungen aus einer unsichtbaren Welt. Es ist schwer, zwischen einem sogenannten Medium und einem visionären Menschen gültig und genau zu unterscheiden. Das Medium ist eine Person mit überdurchschnittlicher Sensitivität oder im Besitz von ESP, die sich des Ursprungs ihrer Eindrücke sehr wohl bewußt ist; der visionäre Mensch hingegen, der schöpferische Künstler oder sonst ein Mensch, der auf jenseitige Anregungen reagiert, ist sich gewöhnlich des Ursprungs dieser Anregungen nicht bewußt. Wir gebrauchen deshalb von nun an das Wort Medium, um den Menschen in seiner Rolle als Werkzeug guter oder böser Kräfte zu kennzeichnen. Eingebungen dunkler Kräfte können sich sogar im Physischen auswirken. So kann ein Geist in einem Menschen sexuelles Verlangen anregen, indem er die betreffenden Drüsen mit einem Quantum Energie auflädt und auf diese Weise Leidenschaft entflammt, oder er suggeriert dem Trinker jene Trockenheit in die Kehle, die ihn nach der Flasche greifen läßt — in beiden Fällen erlaubt der Besessene dem ihn reitenden Dämon, sich seinen Lüsten unbekümmert um deren Ausgang hinzugeben. Manchmal laden sich sogar ausgeglichene Menschen unwissentlich unsichtbare Geister zu Gast, die dann in vollem Maße mitgenießen. Fortgeschrittene Geister führen solche Festivitäten freilich nicht herbei und beteiligen sich auch nicht an ihnen, denn Begierden rein sinnlicher Art verlieren sich im Laufe des seelischen Aufstiegs. Da aber der Sexualtrieb außerordentlich stark ist, gelegentlich sogar stärker als der Selbsterhaltungstrieb, fahren Geister noch eine ganze Weile fort, Gelegenheiten wahrzunehmen, die ihnen gestatten, am Liebesakt teilzunehmen. Je höher eine Seele aber steigt, desto wählerischer wird sie, was Gastgeber und Gastmähler betrifft — bis sie die vierte Stufe erreicht und solche Begierden gänzlich abklingen. Aber noch auf höheren Stufen mag eine Wesenheit ein derartiges Erlebnis zu wiederholen wünschen, wenn auch nur um das Wesen eines sonst schon vergessenen Triebes, der eine so ungeheure Rolle im Leben des Menschen spielt, restlos zu begreifen. Zum Glück müssen sich körperlose Seelen nach ihrem Übertritt nicht mehr mit einem derartig unpersönlichen Teilnehmen begnügen — unpersönlich, weil sie nicht selbst der Gegenstand der Liebe sind. Tatsächlich verlangsamt ein übermäßiges Verlangen nach dieser Art von Liebeserlebnis die Entwicklung einer Seele. Es ist auch in einem gewissen Sinn ein ganz unangebrachtes Verlangen, denn der Geist ist dann ja frei von der Lust, die unsres Fleisches Erbteil, und wenn er sich nach Leiblichem sehnt, so speisen sich seine Wünsche aus lebhafter Erinnerung und aus nichts anderem.

Viel schöner als das Liebesspiel unter Menschen — und der

Natur nicht-leiblicher Wesen auch angemessener — ist das Ineinander-Aufgehen zweier Seelen, wie es uns hier beglückt. Diese Unio zweier Seelen, die einander zustreben, ist ein Eintauchen in das Wesen des andern. Erotisches schwingt hier manchmal mit, doch ist diese Vereinigung von viel größerer Dauer als der menschliche Liebesakt, weil das seelische Verlangen nicht so schnell ermattet wie das leibliche. Aber selbst dieses Vereintsein zweier Seelen ist nach euerer Zeitrechnung auf wenige Stunden begrenzt, denn die Einsamkeit ist Urheimat und erste Daseinsform der Seele und es zieht sie, mag ihr Gefühl für ein anderes Wesen noch so stark sein, notwendig in ihre eigene Mitte zurück.

VII

ESP—ASW

Häufiger als durch das Bewußtsein wirken Geister durch das Unterbewußtsein. Dadurch wird die Illusion erweckt, das Empfangene seien des Mediums eigene Gedanken. Gelegentlich aber wählt ein Geist des nachhaltigeren Eindrucks willen den direkten Zugang. Nicht selten hören sogar Menschen mit recht bescheidener ESP-Veranlagung einen deutlichen, wenn auch tonlosen Satz. Es kann sich dabei um eine Warnung handeln, um einen Befehl, um eine Mitteilung, die einen Freund oder Verwandten betrifft, der in Gefahr schwebt oder gerade in unsere Welt gelangt ist. In der Regel aber wird die indirekte Methode bevorzugt, weil sie dem Glauben und den Zweifeln des Durchschnittsmenschen eher entspricht. Doch hat es Zeiten gegeben, in denen ein bewußter Verkehr mit Geistern als das anerkannt wurde, was er in Wirklichkeit ist, ohne dadurch den Empfänger in Furcht zu versetzen.

Die heutige Welt ist drauf und dran, in ein ähnliches Zeitalter einzutreten. Mittlerweile aber finden es sowohl gute wie böse Geister dienlicher, sich gleichsam durch die Hintertür des Unterbewußtseins Eingang zu verschaffen. Eine Reihe großer Künstler und andere Inspirierte sind von dieser Regel ausgenommen: sie nehmen hellseherisch oder hellhörig ganze Teile einer Schöpfung wahr, die ausersehen ist, durch ihr Mittlertum ins Leben gerufen zu werden. Es ist zu erwarten, daß sich nach und nach die Schwelle zwischen bewußter und unbewußter Aufnahme geistiger Mitteilungen in dem Maße senken wird, in dem Vorurteile abgebaut werden und sich ein tieferes Verständnis für die Kräfte, die dabei am Werke sind, heranbildet. Ein Sich-Senken der Schwelle bedeutet: was in der Tiefe eurer Seele an grundsätzlichem Wissen verborgen ist, wird künftig unbehinderter in euer waches Bewußtsein einmünden — also dorthin, wo ihr fähig sein werdet, dieses Wissen zu verarbeiten, das euch jetzt noch zu sehr verwirren würde.

Ihr dürft nicht alle Mitteilungen, die euch über euer Unterbewußtsein erreichen, für bare Münze nehmen. Wenn euer Karma es erlaubt oder sogar fordert, daß ihr noch im Zustand der Unklarheit bleibt, können die von euch empfangenen Informationen Gedanken sein, die — wie Jung es nennen würde — im Strom des kollektiven Unbewußten treiben. Aber Jung irrte sich, als er glaubte, das individuelle Bewußtsein ginge durch das Unterbewußtsein des Einzelnen in ein kollektives Unbewußtes über. Die Einzelseele ist nämlich von der geistigen Atmosphäre, welche die Menschheit umgibt, so verschieden wie der Fisch vom Wasser, in dem er schwimmt. Diese allumfassende Hülle, fälschlich als kollektives Unbewußtes bezeichnet, ist zugleich ein Sammelbecken von Gedanken und Gefühlen, welche die Einzelseele an sich zieht, weil Gleiches zu Gleichem will. Das erklärt Massenbewegungen wie auch die betrübliche Tatsache, daß Einzelseelen mitunter Ideen von geringem oder gar keinem Wert auflesen.

Freischwebende Gedanken und andere Emanationen aufnehmen und empfinden zu können, ist eine Variante jener medialen Begabung, bei der ein Kontakt zwischen Mensch und Geist die Übermittlung spezifischer Informationen ermöglicht. Wir bezeichnen einen Menschen als „seelisch-sensitiv" (das, was man im Englischen „psychic" nennt), wenn er fähig ist, geistige Schwingungen ohne Mithilfe eines Geistes wahrzunehmen und bezeichnen ihn als Medium, wenn wir ihn in Worten oder Bildern erreichen können. Beide medialen Fähigkeiten gehen bis zu einem gewissen Grade ineinander über. Wir halten es jedoch für angebracht, auf die verschiedenen Arten hinzuweisen, auf die ESP wirksam werden kann. Wir sagten schon, jeder Mensch sei in gewissem Sinne medial, nämlich als ständiger Empfänger von Eingebungen, — ständig, wenn auch mit Unterbrechungen — die von guten oder bösen Kräften ausgehen — ein Prozeß, der sich wie gesagt unter der Oberfläche des Bewußtseins abspielt. Dagegen ist die Fähigkeit, Mitteilungen außersinnlichen Ursprungs perfekt wiederzugeben, verhältnismäßig selten. Weniger selten ist, was wir als seelisch-sensitiv bezeichnet haben, da fast jeder auf Schwingungen reagiert, zumindest auf die, die direkt auf ihn wirken. Sympathie und Antipathie beruhen weitgehend auf dieser Art von Sensitivität. Selbst Durchschnittsmenschen lassen sich ständig von Eindrücken bestimmen, deren Ursprung zweifellos außersinnlich ist. Der Seelisch-Sensitive hingegen spürt mehr aus seiner Umwelt heraus als nur das, was unmittelbaren Bezug auf seine Person hat; er ist daher ein ausgezeichneter Psychometer, was besagt, daß er imstande ist, gültige Aussagen über einen Gegenstand zu machen, den er berührt oder in der Hand hält. Dabei können ihm Geister behilflich sein oder auch nicht, obschon die Übermittlung umfassenderer Informationen im allgemeinen eingehendere Erkundungen unsererseits erfordert, und zwar unter der Leitung eines unserer Spezialisten.

Was will das Wort „Schwingung" neben seiner ursprünglichen, physikalischen Bedeutung von Oszillation noch sagen? Der heutigen Jugend bedeutet es mehr oder weniger das, was es auch im metaphysischen Vokabular bezeichnet: die nicht-physische Emanation einer Person, eines Ortes oder Gegenstandes, denjenigen bemerkbar, die auf solche Schwingungen eingestimmt sind. Wir möchten hier noch hinzufügen, daß Gegenständen tatsächlich nicht-physische Qualitäten früherer Besitzer anhaften und daß Orte tatsächlich die Geschichte ihrer Vergangenheit aufspeichern, weil jedem Ding in eurer Welt etwas in unserer Welt entspricht. Nehmt zum Beispiel ein mit Wollstoff überzogenes Möbelstück aus Holz: wir sehen, wenn auch undeutlich, den ehemaligen Baum und hören das blökende Schaf. Und dieses ätherische Gegenstück eines Stuhles — nicht der wirkliche Stuhl, auf dem ihr sitzt — ist es, das Eindrücke von Personen und Ereignissen festhält. Und dieses ist es, was der Seelisch-Sensitive wahrnimmt. Jedes Ding in eurer Welt hat nicht nur seine eigenen Schwingungen, sondern auch solche, die ihm dank mehrfacher Assoziationen anhaften. So ist der Stuhl, der einmal Baum war und Schaf, auch zugleich der alte Mann, der einmal auf dem Stuhl saß, samt seinen guten und weniger guten Eigenschaften; er ist auch die Zigarre, die er einst geraucht und die uns noch immer als schönes Blatt einer Tabakspflanze erscheint, das in Rauch aufgeht, die Luft verpestet und auf die Lungen des alten Mannes den Schatten der Krankheit wirft. Also bedeutet der Begriff „Schwingungen" — im obigen Zusammenhang angewandt — was eine Person, ein Gegenstand oder ein Ort an nicht-materiellen Qualitäten besitzt und was er von seiner gesamten Daseinsgeschichte ausstrahlt. Und diese Schwingungen sind es, die — unerkannt von der heutigen Wissenschaft — von dem unsterblichen Teil des Menschen wahrgenommen werden.

VIII

VERERBUNG

Der Mensch, haben wir gesagt, ist der Brennpunkt verschiedener Einflüsse: solcher, die von seinem Horoskop ausgehen und jener, welche die Geister auf ihn ausüben. Was aber diesen Einflüssen zugrundeliegt und sie bestimmt, das ist der Mensch selbst und zwar als Summe aller seiner Existenzen. Faßt man es zusammen, so gibt es drei Kennzeichen oder Schlüssel, die uns die innere Natur eines menschlichen Wesens erschließen: Reinkarnation, Astrologie und Einfluß der Geisterwelt. Wer diese drei Schlüssel kennt, hat alles wesentliche Wissen über ein Individuum zur Hand.

Wie steht es aber um Vererbung, um die Wirkung des Milieus? Das sind in erster Linie Wirkungen und nicht Ursachen, also eher Folgen einer Vergangenheit als Determinanten des Gegenwärtigen. Die Eltern, die ihr auswählt (oder die man für euch auswählte, und zwar mit Hilfe höherer Wesenheiten, die euch zur Erfüllung eures Karmas hinlenken möchten), wurden im Hinblick auf eure künftige physische Konstitution und mehrere andere Faktoren ausgesucht. Von euren Eltern — und das ist sehr wichtig — erbt ihr nur euren Körper; eure nichtphysischen Eigenschaften kommen ganz woanders her. Eure Eltern — als Erzeuger eures Körpers und als Erschaffer eines bestimmten Milieus werden vor eurer Inkarnation unterschwellig von eurem Selbst ausgewählt, und es ist deshalb fraglich, ob man ein Milieu, das ausersehen wurde, um einem tiefen Verlangen eurer Seele entgegenzukommen, als einen Einfluß von außen bezeichnen darf. Indem ihr die Eltern wählt, wählt ihr euren

Körper, euer Kindheits-Milieu, eine bestimmte Art der Ausbildung und ähnliches, nicht aber eure Charaktereigenschaften, in denen alles, was ihr in der Vergangenheit wart, gipfelt. Alle Ähnlichkeit zwischen Eltern und Kindern, soweit sie Persönlichkeit und Gehaben betrifft, ist getrost als kindliches Nachahmungstalent und als Resultat anderer Umstände, die wir im Folgenden detaillieren werden, zu buchen. Bitte laßt es euch nicht verdrießen, auch wenn das, was wir sagen, allem zu widersprechen scheint, was euch geläufig ist.

Es fällt uns gar nicht leicht, euch von einer Konzeption zu sprechen, die eurer Denkart so völlig fremd sein muß. Wir sagten schon, daß sich von Eltern auf Kinder lediglich physische Charakteristika vererben. Woher stammen dann die augenfälligen psychologischen Ähnlichkeiten? Wir behaupten, manche von ihnen beruhen auf Nachahmung. Wenige werden das leugnen; da man aber gemeinhin annimmt, daß sich Charakterzüge vererben, werden unsere Kritiker damit jedwede Familienähnlichkeit erklären wollen. Wir möchten euch aber mit einer anderen Auffassung vertraut machen, jener nämlich, daß sich astrologische Konfigurationen innerhalb einer Familie wiederholen und dementsprechend physische wie psychische Familienähnlichkeiten. Da die Unterschiede zwischen einzelnen Horoskopen Legion sind (es sei denn, es handele sich um sehr langsam ziehende Planeten, die während längerer Perioden im gleichen Tierkreiszeichen bleiben und somit ganze Generationen und den Zeitgeist bestimmen), erfordert das Auftreten „ererbter" astrologischer Parallelen eine Erklärung. Vielleicht dürfen wir einen Moment in die Welt der Fauna und Flora abschweifen: denkt zum Beispiel einmal an eine von mehreren Tierarten, deren Junge, dem Jahresrhythmus der Sonne entsprechend, in einem ganz bestimmten Monat, sagen wir Mai oder Juni, geboren werden; denkt daran, wie sich nach dem täglichen Rhythmus der Sonne früh die Blütenblätter öffnen und abends wieder schließen, denkt an den achtundzwanzigtägigen Menstruationszyklus der Frauen und wie er mit dem Umlauf des Mondes um die Erde zusammenhängt oder wie die Anziehungskraft von Sonne und Mond die Gezeiten bewirkt, und ihr habt ein paar Proben von der Art Rhythmus, von der es in einem Horoskop wimmelt. So mag ein Mensch, unter einer bestimmten astrologischen Konstellation geboren (d. h. in psychologischem Vokabular: mit bestimmten Charakterzügen ausgestattet), sich diesem vielfachen Rhythmus entsprechend fortpflanzen — und das geschieht oft —, so daß ein Kind in eine ähnliche Konstellation hineingeboren wird und somit einen bestimmten Rhythmus oder Pulsschlag fortsetzt. Dieser Rhythmus, der bereits den Empfängnismoment determiniert hat, bleibt dem Fötus eigen; er bewirkt die Geburtsstunde und drückt dem Kinde sozusagen sein Siegel auf. Auf diese Weise kommen Ähnlichkeiten zwischen Eltern und Kindern zustande, ohne daß man deswegen die Vererbungslehre bemühen müßte.

Dies alles nur, um anzudeuten, in welcher Richtung sich die Forschung von nun an bewegen sollte, um Irrtümer zum Thema Vererbung geistiger Eigenschaften durch elterliche Gene möglichst auszuschließen. Wir müssen aber noch ein Argument erwähnen, mit dem man von jeher gemeint hat, den Glauben an die physische Übertragung geistiger Eigenschaften stützen zu können: große Begabungen manifestieren sich mehrere Generationen hindurch, wie die Musikalität in der berühmten Familie Bach oder das sehr häufige Phänomen, daß Kinder Talente und Neigungen ihrer Eltern „erben". Wir müssen es noch einmal wiederholen: niemals werden geistige Eigenschaften physisch übermittelt. Die beiden Bereiche mischen sich nur während ihrer begrenzten Interdependenz für die Dauer der Inkarnation, wenn Astralleib und Körper eines sind. Während dieser Zeitspanne ist die gegenseitige psychosomatische Abhängigkeit derart, daß auftretende Symptome nur schwer dem einen oder anderen von beiden zuzuordnen sind. Unsere Erklärung dafür beschränkt sich auf einen anderen Aspekt des bereits (im Zusammenhang mit den Ähnlichkeiten in den Horoskopen von Eltern und deren Kindern) Erwähnten. Wo wir uns ehedem aber auf die M i t t e l bezogen, durch die solche Ähnlichkeiten zustandekommen, wenden wir uns jetzt einer früheren Phase in dieser Kette zu und somit dem Grund, der die Seele zu ihrer Wahl bestimmt. Philipp Emanuel Bach mag uns dabei als gutes Beispiel dienen: er will Komponist werden. Er hat sich durch mehrere Inkarnationen hindurch vorbereitet und ist reif für eine weitere Inkarnation. Er mag Johann Sebastian Bach in einer früheren Existenz gekannt haben oder nicht; er möchte gern einer seiner Söhne sein. Wenn die Zeit heranrückt, zieht er sich in sein eigenstes Wesen zurück und läßt alles Wissen um die Vergangenheit hinter sich. Er fühlt sich, noch vor dem Moment der Empfängnis, zu seinen künftigen Eltern hingezogen. In diesem Moment der Empfängnis aber, hat das, was einmal der Sohn von Johann Sebastian Bach sein wird und jetzt nur eine schlafumsponnene Seele ist, an einem doppelten Ereignis teil: an der Vereinigung zweier Zellen und am tatsächlichen Neubeginn eines Lebens durch das Einschießen des Geistes, eines unverwechselbaren Geistes, den die Welt als Philipp Emanuel Bach kennen wird.

Wir erwähnten bereits, daß Horoskop und Einflüsse aus der Geisterwelt ineinander verzahnt sind. Wir möchten das noch etwas eingehender besprechen. Euer Horoskop — das besagt schon das Wort — ist ein Diagramm des Sonnensystems im Augenblick eurer Geburt. Dieses Horoskop läßt sich beliebig ausweiten, d. h. man kann bereits den künftigen Stand von Sonne, Mond und Planeten ausrechnen und danach ziemlich genau voraussagen, ob eine gewisse Zeit günstig oder schwierig sein wird und auch in welcher Beziehung sie es sein wird. Die Aspekte sind an sich nicht notwendig gut oder schlecht; immerhin erweisen sie sich als eine Herausforderung des Schicksals, als Prüfung oder aber als Optimum aller möglichen Chancen. Wie gesagt stellt das Horoskop die Summe der Vergangenheit dar, weshalb ja auch astrologisches Wissen ohne Hinzunahme der Reinkarnationslehre unvollkommen ist und zu viele Fragen unbeantwortet läßt. Die gerade erwähnten Aspekte werden euch ja auch nicht willkürlich auferlegt, sondern entsprechen dem oben erwähnten Grundplan. Um unsere Andeutungen hierzu etwas zu vereinfachen, wollen wir einmal etwas weniger fein unterscheiden und formulieren: ihr habt eure guten und schlechten Zeiten, und Geister, die zum gleichen Universum wie ihr gehören (obwohl ihr das im allgemeinen ignoriert), nützen das aus und profitieren nach ihren jeweiligen Intentionen vom Wandel und Wechsel der Stunde. „Stunde" ist natürlich *façon de parler;* es kann sich ebensogut um eine Minute oder ein Jahrzehnt handeln. Aber auf diese Weise sind unpersönliche (kosmische) und persönliche (von guten oder bösen Geistern bewirkte) Einflüsse ineinander verzahnt. Das zwingt euch natürlich kein willkürliches Geschick auf, vielmehr entspricht es einem Muster, das ihr selbst geschaffen habt und das bis zu einem Grade noch veränderlich ist. Veränderungen aber geschehen nicht von selbst, sondern hängen davon ab, wie ihr auf das euch zugeteilte Karma reagiert.

Unzerstörbar und ewig kehrt die menschliche Seele immer wieder zur Erde zurück, bis sie für einen Planeten von höherer Geistigkeit reif ist. Diese Besuche auf einer aus Materie bestehenden Welt sind kurze Spannen innerhalb lange dauernder Perioden körperloser Existenz, die von Tätigkeiten mancherlei Art erfüllt sind, je nachdem, ob die Seele zum Licht oder zur Finsternis strebt. Noch auf Jahrmillionen hinaus wird dieser Planet den H o m o s a p i e n s beherbergen. Die Evolutionslehre Darwins trifft zu, hat aber ihre Grenzen. Darwins Nachfolger brauchten sich aber nicht mit den Gegnern der Evolutionstheorie zu zerstreiten, denn beide haben recht: Darwin, was den Körper, und die Bibelgläubigen, was die Seele angeht. Erst muß ein Körper geschaffen und hoch genug entwickelt sein, um eine Seele zu tragen. Das geschieht nicht von heute auf morgen, wie die Bibel uns glauben macht. Der Körper mußte sich aus den niedrigsten Lebensformen entwickeln, bis er eine so komplexe Entität wie die Seele aufzunehmen imstande war. Denken und Fühlen des Menschen kann sich nur in etwas so Vollkommenem vollziehen, wie der menschliche Körper es ist, obschon auch Tiere und andere Lebewesen etwas der menschlichen Seele Entsprechendes besitzen, denn Seele ist ja gleichbedeutend mit Leben. Wenn ein Tier oder eine Pflanze stirbt, verläßt diese uns und Hellsehenden sichtbare Seele ihre physische Hülle und kehrt an einen von vielen Sammelplätzen zurück oder geht — wenn man so will — in einen Himmel für mindere Geisterwesen. Diese Wesenheiten kommen wieder zur Erde, um erneut Form anzunehmen, entwickeln sich aber nicht von Mal zu Mal. Sie sind ein Teil eines immerwährenden Brunnquells geistiger Lebenssubstanz, bereit, wann immer man sie braucht. Dieser Prozeß wird nicht von außen gesteuert und ist ein Teil der autonomen Ordnung der Dinge. Diese Tier- und Blumengeister verhalten sich ihren physischen Entsprechungen gegenüber wie die menschliche Seele zum Menschen: sie sind das vivifizierende Prinzip. Leben — für viele nichts als ein Abstraktum, für andere aber das geheimnis-schwerste Wort unseres gesamten Vokabulars.

Die menschliche Seele ist als höchste kosmische Offenbarung s u i g e n e r i s . Ob eine individuelle Seele aufsteigt oder absinkt, bleibe hier jetzt unerörtert; als Phänomen jedoch ist die Seele die Krönung alles Lebenden, mit sonst nirgends zu findenden Qualitäten ausgestattet. In sich selbst widersprüchlich und stark variierend, ist dieses Phänomen aber, ganz allgemein gesehen, die vornehmste Tat der Schöpfung überhaupt. Der höchst entwickelte Affe ist der erste Mensch nur in einem bestimmten Sinn: in der Beseelung dieses Körpers hat etwas radikal Neues stattgefunden. Zwei verschiedene Entwicklungslinien kreuzen sich an diesem Punkt wie die Linien des Buchstabens „X": die der Seele als Endpunkt ihrer Vergangenheiten und die des Körpers, der die Amöbe und den Affen hinter sich gelassen hat. Das ist also der Augenblick, in welchem der Mensch in der Weltgeschichte auftritt: der Leib des Affen hat sich derart vervollkommnet, daß er den Ansprüchen der menschlichen Seele genügt. Das ist also der Leib, den die Seele immer weiter vervollkommnen und immer wieder bewohnen wird, bis sich die Zeit erfüllt und der Mensch für höher entwickelte Planeten reif ist und bis sich nach Äonen ein tiefer Schlummer wie ein Gewebe aus Frieden und Vergessen auf die ganze offenbarte Schöpfung senken wird.

Wir sagten, der Buchstabe „X" sei ein graphisches Symbol für die Überschneidung zweier Lebensformen, der sichtbaren und der unsichtbaren. Indem wir das Ereignis beschrieben, das stattfand, als zum ersten Mal in der Geschichte dieses Planeten sich ein Körper der höchsten geistigen Wesenheit angemessen vervollkommnet hatte, haben wir nicht nur von einem epochemachenden Fortschritt in der Menschheitsgeschichte berichtet, sondern zugleich von einem Geschehen, das sich jeden Tag und jede Minute mehrfach vollzieht. Zwei verschiedene Vergangenheiten begegnen einander bei der Geburt und trennen sich im Tode wieder, und der Mensch, unser Buchstabe „X", strebt in zwei Richtungen weiter: der Körper ruft neue Körper ins Leben, die Seele begibt sich in neue Abenteuer und neue Inkarnationen. So erweist sich die ganze Welt als ein Netz von zwei sich überschneidenden Prinzipien, die sich ständig verknüpfen und die ebenso ständig wieder auseinanderstreben.

Wie kommt es dann aber zu dieser ungeheuren Anhänglichkeit an eine Sippe oder an ein Land, wenn man schließlich noch vor kurzem Kind einer anderen Familie, Bürger eines anderen Landes und Anhänger eines anderen Glaubens war? Wie kommt es nur dazu? Wir sagen: das ist Chauvinismus in dieser oder jener Form und dazu noch totale Blindheit angesichts essentieller Wahrheiten — es ist Chauvinismus als ein Ausdruck der allgemeinen Rückständigkeit des Menschengeschlechts und als

Ursache aller vergangenen und künftigen geistigen Verdummung. Je unerleuchteter eine Seele ist, desto mehr wird sie sich chauvinistischen Tendenzen hingeben, denn dem Teufel kommt diese Art von Ignoranz wie gerufen, um sein schlimmes Werk voranzutreiben, also Lynchjustiz, Intoleranz, Größenwahn beim Anblick derer, zu deren Rasse, Vaterland und Glauben ihr gestern selbst noch gehörtet. Erst gestern wart ihr selbst Schwarze, Mohammedaner oder Juden und wahrscheinlich ebenso beschränkt wie heute. Und wenn ihr vor hundert Jahren einen polnischen Juden verfolgt habt, so wart ihr unter jenen, die ein Jahrhundert später selbst als Juden in Auschwitz vergast wurden. Das löscht in keiner Weise die Greueltaten der Nationalsozialisten, aber es etabliert eine innere Gerechtigkeit, die euch im wahrsten Sinne des Wortes eines Tages einmal einleuchten wird. Vaterlandsliebe und Familiensinn sind schöne Gefühle, wenn sie auf etwas anderem basieren als auf bloßem Chauvinismus, der für viele nichts ist als kritiklose Hinnahme und Vergötterung des eigenen wuchernden Ich. Vaterlandsliebe und Anhänglichkeit an Bluts- und Wahlverwandte können unter Umständen wertvolle Charakterzüge sein, die zu pflegen und zu fördern sind. Wir verabscheuen nur den falschen Patriotismus, jene Haltung „Our country, right or wrong" — („Was mein Land tut, ist wohlgetan"). Vaterlandsliebe, wenn das Land ihrer wert ist, mag ein ebenso edles Gefühl sein wie jedweder Ausdruck von Kühnheit und Ritterlichkeit oder das Verlangen, sich für eine gute Sache aufzuopfern — ja, eine Seele mag damit zeigen wollen, wes Geistes Kind sie ist.

IX

ATLANTIS

Jahrtausendelang hat die Welt die Wahrheit vergessen. Sie ging verloren, als der Kontinent Atlantis und mit ihm die höchste Stufe der Zivilisation, die es je auf Erden gab, in die Fluten des Atlantik versank. Es ist gewiß sonderbar, daß der Rest der Welt diese Höhe weder teilte noch fortzusetzen bemüht war. Aber der Gegenwart nicht unähnlich, welche dem weitverbreiteten Rauschgiftgenuß nicht nur die Dezimierung ihrer Bevölkerung verdanken wird, sondern auch durch eine rückläufige Entwicklung ihrer technischen Leistungen (und das sind schließlich die einzigen Leistungen, deren sich die heutige Generation rühmen darf) erlitten die übriggebliebenen Zeitgenossen von Atlantis enorme Rückschläge, so daß im Laufe mehrerer Millenien die zivilisierte Welt noch einmal von vorn anfangen mußte. Atlantis, der Mittelpunkt einer blühenden Kultur, ging nicht durch eine an Pompeji erinnernde Katastrophe unter; es verschwand fast unmerklich, über Jahrhunderte hin. Zwischen den ersten Anzeichen des Versinkens bis zum Verschwinden der letzten Bergkuppe vergingen Jahrtausende. Die Menschen ertranken auch keineswegs zu Zehntausenden; sondern die Bevölkerung verringerte sich in dem Maße wie der Boden unter ihren Füßen abnahm. Es war ein großangelegtes Zurücknehmen, ein allgemeines Auslöschen von Menschen, Land und Kultur. Niemand kam durch eine Katastrophe um. Die Bewohner von Atlantis wußten, was mit ihnen geschah; es war ihnen prophezeit worden und traf sie vorbereitet. Aus Gründen, die darzulegen viel zu komplex sind, verringerte sich die Fortpflanzung unter der Bevölkerung und hörte schließlich auf. Es ereignete sich überhaupt keine Tragödie: ein bevölkerter Erdteil voll hoher blühender Kultur und erleuchteter Lebensanschauung hörte ganz unauffällig auf zu existieren, und die übrige Welt entwickelte sich einfach zurück, obgleich das von uns aus gesehen nur ein unbedeutender Rückschritt war, ohne Aufruhr und sogar ohne großes Bedauern. Atlantis war ein Vorbote künftiger Zeiten, eine Frühlingsblüte, die sich vorzeitig geöffnet hatte, von einem späten Schneefall überrascht wurde und erfror. Atlantis versank, aber Überreste seiner Kultur gibt es noch heute in Ägypten und Südamerika und Nachkommen seiner Bevölkerung unter einigen ägyptischen Stämmen und unter den nordamerikanischen Indianern. Die Weisheit von Atlantis ist dahin, seine Erkenntnisse sind vergessen und die letzten Überbleibsel seiner technischen Errungenschaften verfallen — wie hätten sich eure Mondfahrer gewundert, wenn sie bei ihrer „ersten" Landung auf ein jetzt verwittertes Gerät von damals gestoßen wären! Wie wenig weiß man noch von dieser hohen Kultur! Die Bevölkerung von Atlantis starb aus und ihr Land versank im Meer, aber die Seelen derer, die jenen Erdteil einst bewohnten, sind jetzt im Begriff zur Erde zurückzukehren und werden kommenden Generationen den Weg weisen, sobald eure Lebensweise drastisch korrigiert worden ist. Einige von ihnen sind bereits wieder inkarniert und unterweisen die Lehrer künftiger Geschlechter.

Atlantis ist der Name, den spätere Generationen jenem Land gaben, das fast die Größe eines Erdteils hatte und westlich von Gibraltar gelegen haben soll. Tatsächlich aber war Atlantis ein Teil Nordafrikas, der zwar den atlantischen Ozean nicht ganz überbrückte, aber doch so nahe an Südamerika lag, daß die Überfahrt dorthin bequem möglich war. Wer an die Existenz dieses früheren Kontinents glaubt, mag sich auf eine von mehreren Begründungen stützen, auf vage aus der Tiefe aufsteigende Erinnerungen, auf archäologische Erwägungen und neuerdings auf die Funde sowjetischer Wissenschaftler*. Das, was ihr Atlantis nennt, war ein in Erfüllung gegangener utopischer Traum: fast alle wesentlichen sozialen Probleme waren zur Zeit von Atlantis gelöst. Was wir in einem früheren Kapitel über eure Zukunft skizzenhaft angedeutet haben, fußt zu einem Gutteil darauf, was wir über Atlantis, seine Regierungsform, seine Weltanschauung wissen. In der Heilkunde war Atlantis beispielsweise den heutigen medizinischen Leistungen weit voraus, weil damals — in der Astrologie beschlagene — Ärzte erkannten, was ihren Patienten fehlte. Sie untersuchten beides, Körper und Seele, und zwar aus einer Einsicht heraus, neben der die des heutigen Arztes verblaßt; die Behandlungsmethoden unterschieden sich also radikal. Wir müßten ein weiteres Buch diktieren, um den atlantischen Heilkünsten von der narkoselosen Chirugie angefangen bis zur Seelenheilkunde gerecht zu werden. Alles, was wir im Moment tun können, ist, euch auf eine Gesinnungsänderung vorzubereiten, die ein tieferes Eindringen in diese Themen ermöglicht. Wie wir oben schon sagten, ist die Astrologie das Fundament für alles weitere Wissen, aber zuerst müßte jemand der Astrologie selbst oder vielmehr dem, was man heute unter Astrologie versteht, zu Hilfe eilen. Man hat zwar verschiedentlich versucht, dies zu tun, doch konnte sich bisher keiner ganz dem Einfluß der gegenwärtigen Zeit entziehen. Diese Versuche, so nahe sie dem eigentlichen Sachverhalt kommen mögen, beruhen aber mehr oder weniger auf irrtümlichen Prämissen, die jene verbreiten, die ihr für aufgeklärte Denker haltet. Es mögen große — allenfalls potentiell große — Denker gewesen sein, aber sie inkarnierten sich, als weder ihr eigenes Karma noch das der Welt einen ungehinderten Empfang der unverfälschten Wahrheit zuließ. Ehe das

---

* Siehe Sheila Ostrander und Lynn Schroeder, „Psychic Discoveries Behind the Iron Curtain". New York: Bantam Books, 1971, deutsch unter dem Titel „PSI" im Scherz-Verlag.

nämlich geschehen kann, sind noch einige Hindernisse zu nehmen, und ein geistiges Klima muß geschaffen werden, das zu neuem Denken und Tun anspornt.

Die Bewohner von Atlantis waren ein religöses Volk. Ihrer Religion lag im wesentlichen zugrunde, was ihre Seher als Wahrheit verkündet hatten. Jedes Zeitalter muß sich dem anpassen, worin es sich von anderen Zeitaltern unterscheidet. Die absolute Wahrheit ist nicht für den Export; sie bewahrt, weniger frivol gesagt, niemals ihre Reinheit, wenn man sie Menschen vermitteln muß, die in ihrem tiefsten Wesen nicht imstande sind, etwas mit Worten nicht Auszudrückendes aufzunehmen. Hinzu kommt, daß jede Zeit ihre eigene Denk- und Sprechweise hat. Es ist wahrhaft merkwürdig, was mit einer objektiven Wahrheit zu einer bestimmten Frist in der Geschichte der Menschheit geschieht; dem herrschenden Zeitgeist mag das Vokabular abgehen, diese spezifische Wahrheit auszudrücken oder aber er prägt ein gefälliges Schlagwort, das er überall anwendet, ob es passend und präzise ist oder nicht. In Atlantis war das nicht anders. Trotzdem aber war seine Religion von größerer Reinheit als alle heutigen Glaubenslehren, in die wir auch die östlichen Religionen einschließen müssen, wenn auch gerade die letzteren zusammen mit einigen noch existenten oder wieder auftauchenden esoterischen Lehren der Wahrheit näherkommen als andere verbreitete Glaubensformen. Die Religionen von Atlantis — auch dort gab es verschiedene Sekten — lehrten im Grunde alle dasselbe: das Fortleben nach dem Tod, die Möglichkeit einer Verständigung mit der Geisterwelt, die Verschiedenheit geistiger Existenzstufen und schließlich ein rudimentäres Wissen um das kosmische Zusammenwirken qualitativ unterschiedlicher Energien.

Das tägliche Leben des Bürgers in Atlantis gründete sich vorwiegend auf die Familie als Institution, also der heutigen Situation nicht unähnlich, nur waren Scheidungen so gut wie unbekannt. Ehen wurden nach vorangegangenen Probeehen geschlossen, die man sehr ernst nahm, aber nicht als bindend ansah, da unbeabsichtigte Schwangerschaften fast nie vorkamen. Man wandte astrologische Geburtenregelung an, wie man sie heute wieder in der Tschechoslowakei anzuwenden beginnt; uneheliche Kinder adoptierte der Staat. Nach der Eheschließung erwartete man von den Partnern, daß sie zusammenblieben und mit ihren Problemen in der Ehe fertig wurden. Wurde eine Ehe gebrochen, was natürlich ab und zu vorkam, rechnete man mit taktvoller Handhabung und gebotener Rücksichtnahme auf den legitimen Partner. Der Gatte hatte immer für den Unterhalt seiner Familie zu sorgen. Frauen wurden in keiner Weise als untergeordnet angesehen, man hielt aber angesichts ihrer physischen Konstitution einen gewissen Ausgleich für angebracht. Obwohl er für die Familie zu sorgen hatte, wurden dem Vater keinerlei der Mutter etwa verweigerte Rechte zugestanden. Die Geschlechter waren völlig gleichberechtigt — bis auf naturbedingte Nachteile, die aber durch eine zivilisierte Geste wettgemacht wurden. Kinder behandelte man höflich und rücksichtsvoll und gleichsam als Leihgaben des Himmels. Junge Menschen mit einem Hang zum Bösen, den man frühzeitig erkannte und mit weit größerem Verständnis als heutzutage behandelte, verbrachte man in besondere Anstalten. Körperstrafen waren unbekannt; höchstens verabreichte man einem vernünftigen Argumenten noch unzugänglichen Kind einen gutgemeinten Klaps. Zu keiner anderen Zeit waren die Verbrechensziffern so niedrig. Diebstahl erübrigte sich, da es äußerste Armut nicht gab und keiner aus anderen Gründen stahl, denn die Menschen stehlen doch überhaupt nur, wenn die Not sie dazu treibt oder ihr moralisches Empfinden unter dem Durchschnitt liegt. In Atlantis gab man der Jugend eine probate Weltanschauung mit, die ihr einleuchtete und die sie deshalb akzeptierte. Von Bösem kommt Böses. Vorbilder ethischer Laxheit vermehren sich ebenso wie Vorbilder hoher ethischer Ideale. Es hat allerdings Epochen in der Geschichte der Menschheit gegeben, deren moralisches Niveau ebenso tief lag, wenn nicht noch tiefer als das heutige. Die jetzige Zeit aber hat rein zahlenmäßig den Vogel abgeschossen, denn unter dem statistischen Aspekt ist sie die verwerflichste Epoche, die es bis jetzt auf der Welt gegeben hat — und wenn sich dieses Otterngezücht nicht durch Rauschgift, das einen Geburtenrückgang bewirkt, selbst den Garaus machte, wäre dieser Erdball bald ein Abbild einer der untersten Höllen. Aber verweilen wir nicht bei etwas so Düsterem. Schließlich ist es ja der Dünger, aus dem eine neue Saat emporschießen wird, nachdem die Zahl der Menschen erst einmal herabgesetzt und der Rest mit reineren Elementen durchsetzt worden ist.

Nicht nur war Diebstahl in Atlantis unbekannt, auch Gewaltverbrechen waren äußerst selten. Kein Mensch, der seine fünf Sinne beisammen hat, mordet, obschon das heute gang und gäbe ist. Die Bewohner von Atlantis suchten einen Seelenarzt auf, wenn sie in sich den Drang verspürten, jemanden anzufallen oder gar zu töten. Man hatte in ihnen, als sie noch Kinder waren, bereits ein Gefühl einer Verantwortlichkeit erweckt, das weit über das rein Legale hinausging; so wußten sie sehr wohl, daß Vergeltung nie ausbleiben würde, und man wandte sich deshalb mit Problemen solcher Art an einen Seelsorger, der hierzu berufen und ausgebildet war.

Die Regierungsform von Atlantis war die gemäßigte Theokratie — gemäßigt in dem Sinn, daß das Priesteramt zwar als das höchste galt, der höchste Priester aber, der jeweils auch Seher und Prophet sein mußte, keine absolute Macht besaß. Der Grad der Erleuchtung in Atlantis war übrigens derart, daß es einer Gruppe von Männern und Frauen gegeben war, sich der sogenannten ESP-Begabung und anderer seelischer Qualitäten ihres zukünftigen Führers zu vergewissern, den sie in einem heute fast unbekannten Geiste wählten. Die in dieser Art auserlesenen Priester wurden auf eine Anzahl von Jahren gewählt, konnten aber jederzeit abberufen werden. Doch kam das äußerst selten vor, da die Wahl selbst, wie wir gerade sagten, von so ausgezeichnet befähigten Menschen getroffen worden war. Der zu Wählende mußte von hohem geistigen Rang sein und nachweisbar die Gabe der Prophetie und manchmal schon von Kindheit an ausgebildete ESP-Fähigkeit besitzen. In der Tat wurde jedes Kind, bei dem erweiterte Sinneswahrnehmung festzustellen war, in eine besondere Schule oder Akademie für medial begabte Schüler geschickt. Sowohl Knaben wie Mädchen zeigten rudimentäre Begabung; häufiger aber eigneten sich die Knaben für führende Stellungen in der Regierung. Der Grund war ein rein biologischer: Kinderkriegen vertrug sich schlecht mit den Amtspflichten der Priesterschaft, aus der man dann den Herrscher wählte. Eine Anzahl von Priestern heiratete nicht. Anders als heute wurde das Zölibat niemandem aufgezwungen und rief deshalb auch nirgends Ressentiment hervor, sondern wurde gelegentlich von einer jener seltenen Seelen gewählt, die sich von den Verstrickungen einer noch von Körperlust durchdrungenen Existenz fernhalten wollten. Darum heirateten Priester, die nach höheren Ämtern strebten, nicht — oder vielmehr waren jene, die sich zum Amt als hohe Priester berufen fühlten und sich in früheren Inkarnationen darauf vorbereitet hatten, bereits über alles fleischliche Verlangen hinaus. Aber alle geringeren Diener Gottes heirateten, denn sie waren weder reif genug noch willens, ihre natürlichen Instinkte zu unterdrücken. Aus ihnen bildete sich ein Klerus, der weder verklemmt noch scheinheilig war und deshalb befähigt, weniger fortgeschrittenen Seelen am eigenen Beispiel darzutun, wie man ein auf Gott bezogenes Leben führen kann, ohne das aufgeben zu müssen, worauf die wenigsten in dieser Welt zu verzichten bereit sind.

Die Schulen waren Gemeinschaftsschulen, in denen Lehrer beiderlei Geschlechts unterrichteten. Frauen standen nämlich alle Berufe offen, bis auf solche, für die sie sich biologischer Einschränkungen wegen nicht eigneten. Ältere Frauen amtierten als

Richter, Ärzte und Anwälte. Einen Soldatenstand gab es nicht, denn Kriege wurden nicht geführt. Man beschäftigte Männer und Frauen als Gesetzeshüter, aber so etwas wie die heutige Feindschaft zwischen Polizei und Bevölkerung war unbekannt. Diese Beamten hatten darauf zu achten, daß der Staatsapparat reibungslos lief. Man sah sie als Freunde und als die Bewahrer der von allen geachteten Gesetze. Das Verkehrswesen unterschied sich stark vom heutigen. Es gab keinen Luftverkehr, ausgenommen zu anderen Planeten, weil die Luft — wie übrigens auch die Wasser der Erde — für heilig galt. Man reiste in von Sonnenenergie getriebenen Fahrzeugen. Die Bewohner von Atlantis hatten sich nämlich auf manche Weise diese Form der Energie nutzbar gemacht und wandten sie auf mehreren Gebieten an, so daß Luftverschmutzung durch Industrie und Automobilverkehr ebenfalls unbekannt war. Dank dieser Energiequelle, die man in künftigen Jahren in weit größerem Maße verwenden wird, erübrigte sich das Bohren nach Öl. Wälder wurden sorgfältig gepflegt, und es durfte nur so viel Holz geschlagen werden wie die Natur in einer bestimmten Zeitspanne nachwachsen ließ. In Atlantis reiste man gern, man nahm sich aber sehr viel Zeit dazu. An Geschwindigkeit lag diesen Reisenden nichts; ihr Lebensrhythmus war wesentlich gemäßigter als der heutige. Die Arbeitsstunden waren kurz aber völlig ausgefüllt. Die Bewohner von Atlantis waren stolz auf ihre Arbeit.

Jeder stand seinem Beruf gleichsam als Künstler gegenüber und gab ihm sein Bestes. Geldverdienen war von minderer Bedeutung. Dagegen wandte man ein heute unvorstellbares Interesse an die Kunst der Lebensführung. Beziehungen von Menschen untereinander wurden sorgfältig gepflegt und in einer Weise geführt, mit der verglichen die heutigen Menschen roh und phantasielos miteinander verkehren. Die Psychologie war zum Beispiel schon einmal nicht diese unbeholfene und hochgestochene Angelegenheit, zu der sie seit den Tagen puritanischer Ignoranz geworden ist: sie fußte damals auf einer Kenntnis wesentlicher Tatsachen, die ihrerseits größere Einsicht und Geduld gegenüber seelischen und physiologischen Problemen anderer Menschen zur Folge hatte. Man ging also von solideren Grundlagen aus und besaß ein stark entwickeltes Einfühlungsvermögen — und darin unterschieden sich die Bewohner von Atlantis sehr vorteilhaft von ihren heute lebenden, Ich-besessenen Nachfolgern!

Demokratisch handelten sie nur in dem Sinne, daß ihnen jedwede Autokratie fremd war. Ihre Demokratie wurzelte nicht in der Annahme, alle Menschen seien gleich. Ihre Unterscheidungsgabe auf geistigem, intellektuellem und künstlerischem Gebiet war viel zu scharf und differenziert und ihr Verständnis für die Gründe solcher Unterschiede viel zu gut, um ihnen jene unkritische und unangebrachte Vertraulichkeit zu gestatten, mit der die Leute gemeinhin den Begriff der Demokratie verwechseln. Ein wahrer Respekt vor Leistungen aller Art statt jener fatalen Bewunderung des finanziellen Erfolges unterschied den Bewohner von Atlantis ebenfalls sehr vorteilhaft von den Menschen unserer Zeit. Rücksichtslos zusammengeraffter Reichtum vermochte ihn nicht zu blenden, da das Geld in seinem Leben eine recht untergeordnete Rolle spielte und er von geistigen Werten und ihrer Bedeutung viel zu durchdrungen war, als daß es ihn nach der Macht und ihren fragwürdigen Früchten gelüstet hätte. Wahre Ehrerbietung ist eine verlorengegangene Empfindung; viele von euch haben vor niemanden und vor nichts mehr Respekt, nicht vor den Großen der Vergangenheit noch vor denjenigen Zeitgenossen, die eure Anerkennung verdienen. Ihr leugnet und verkleinert vielmehr ihre Verdienste, weil ihr meint, das Schicksal hätte ebensogut euch in ihre Lage versetzen können, und dann hättet ihr es ihnen gleichgetan. Aber das ist dem Schicksal gar nicht eingefallen, und zwar aus einem sehr einleuchtenden Grund: das Schicksal versetzt eben keinen in die Lage eines anderen. Ihr habt eine bestimmte „Lage" entweder verdient oder nicht. Zugleich mit der wahren

Ehrerbietung ist euch auch die wahre, auf einem tiefen Verständnis aller Zusammenhänge beruhende Großzügigkeit fast abhanden gekommen. In Atlantis aber wurden Menschen, die über ihre Mitmenschen hinausgewachsen waren und ihnen nun den Weg wiesen, geliebt und bewundert. Die Welt hat mit der Ehrerbietung sehr viel verloren. Ohne Anerkennung echter Vornehmheit gibt es keinen wahren Adel des Geistes. Und der göttliche Funken zündet nur, wo echte Demut herrscht. Ihr verhöhnt aber beides, die wahre Demut und die Ehrerbietung, die echten Werten gebührt. Ihr himmelt eine mißverstandene Demokratie an. Dabei geht es bergab mit euch, und zwar zusehends rascher.

X

ÜBER HYPNOSE, PSYCHOANALYSE UND RELIGION

Wir könnten euch noch manches über Atlantis erzählen, setzen jetzt aber lieber unseren Bericht fort. Atlantis war ein Höhepunkt in der Geschichte dieses Planeten. Was bevorsteht, unterscheidet sich aber genügend von der Vergangenheit und deshalb erübrigen sich weitere Beschreibungen jenes außerordentlichen Zeitalters. Sie könnten ohnehin nicht als genaues Modell für die Zukunft dienen. Wir haben Atlantis geliebt und werden auch das Zukünftige lieben, aber um unsererseits dieses Millenium herbeiführen zu helfen, müssen wir größere Klarheit in eine Reihe von Themen bringen und euch für das Kommende mit einer euren jetzigen Anschauungen überlegenen Philosophie ausrüsten.

Nachdem die Bevölkerung der Erde durch weitverbreiteten Genuß bewußtseinserweiternder Drogen dezimiert worden ist, werden den Menschen die Köpfe nicht mehr von jenen Halbwahrheiten schwirren, die — ehe sie gültigen Begriffen weichen werden — in Fachleuten und Laien spuken, wenn man diese Unterscheidung angesichts des jeweils größeren oder kleineren Vokabulars zur Beschreibung falscher Vorstellungen überhaupt für nötig hält. Immerhin dilettieren im Moment Fachleute und Laien ganz gehörig herum, um in tiefere Bewußtseinsschichten einzudringen. Da wäre als erstes die Hypnose zu nennen. In Atlantis bediente man sich ihrer, aber nicht nur ihrer, um in die tieferen Schichten der menschlichen Seele zu gelangen. Wie sie heutzutage ausgeübt wird, erinnert an einen Elektriker, der zwar weiß, wie er dies oder jenes zustandebringt, aber vom eigentlichen Wesen der Elektrizität keine Ahnung hat. Man hat die Hypnose erfolgreich angewandt, aber weder ist man dabei von einem tieferen Verständnis der menschlichen Natur ausgegangen, noch hat man sie danach besser verstanden. Was ihr Hypnose nennt, ist die künstlich induzierte Trennung des Astralleibs vom physischen Leib, was natürlich die Koordination der beiden beeinträchtigt. Wird ein Mensch von einem anderen hypnotisiert, so führt er dessen Befehle aus, als hätte er sie sich selbst gegeben: er hebt den Arm, als habe er ihn heben wollen oder er schläft ein, als hätte der unbewußte Mechanismus seines eigenen Körpers ihn das geheißen; nicht genug, reagiert der Hypnotisierte auch auf ihm suggerierte Hitze oder Kälte, als ob er sie wirklich empfindet, denn Hitze und Kälte lassen sich subjektiv erzeugen. In der Autosuggestion ist es möglich, Schmerzen zu „überwinden", in dem man durch einen Willensakt den physischen Leib und den Astralleib von einander trennt, denn letzterer, zusammen mit dem Ätherleib, ist der Träger der Schmerzempfindung. Wenn zum Beispiel ein Nerv durchschnitten wird, kann dieser Nerv dem Gehirn keine Empfindung mehr zuleiten, und zwar nicht, weil der Nerv der alleinige Konduktor wäre, sondern weil das astrale Gegenstück des Nervs nicht ohne den Nerv funktioniert. Es sind eben beide dazu nötig. Wenn ein Willensakt den Astralleib vorübergehend vom physischen Leib trennt (wir bitten zu bedenken, daß sie auch im getrennten Zustand noch miteinander verbunden sind), wird der Schmerz nicht registriert, also nicht als Schmerz empfunden. Weshalb ist es also ratsam, daß ein in diesen Dingen unzureichend Informierter die Selbsthypnose unterläßt? Unter „unzureichend informiert" verstehen wir die lückenhafte Kenntnis vom Wesen und der Bedeutung der verschiedenen Körper des Menschen. Wie beim Elektriker kann es klappen, aber auch danebengehen. Man setzt sich hierbei ernstlichen Gefahren aus, denn Experimente, die ohne Kenntnis des Gesamtbildes auf unzureichendem Wissen beruhen, können unversehens Bereiche der Seele in Mitleidenschaft ziehen, die man besser unberührt ließe. Solange euch bisher ignorierte metaphysische Tatsachen nicht geläufiger sind, raten wir sehr von der Selbsthypnose ab, zumal es ja andere Mittel gibt, Schmerzen zu vermeiden oder Zustände zu korrigieren, die jetzt oft hypnotisch beseitigt werden (wobei übrigens das „Beseitigen" immer am Kern des Problems vorbeigeht). Diese verschiedenen Mittel mögen einem Menschen sein Leben lang anschlagen, danach aber wird er sich seinen Problemen erneut stellen müssen. Wir übersehen natürlich nicht, daß es für einen Alkoholiker, einen Rauschgiftsüchtigen, einen Stotterer oder einen mit Lampenfieber Geschlagenen ein Segen ist, aus seiner jeweiligen Zwangslage befreit zu werden. Trotzdem wird man in einem aufgeklärteren Zeitalter über diese Bräuche den Kopf schütteln. Immerhin mag sich ein erfahrener Hypnotiseur einstweilen dieser Methode bedienen, denn für gewisse Probleme scheint sie im Moment die beste Lösung zu sein, wenn auch keine Lösung sub specie aeternitatis. Was nun gar die amateurhaften Einstiege in frühere Inkarnationen und ähnlich gefährliche Amusements angeht, möchten wir den „Guru" von eigenen Gnaden warnen, nicht mit dem Feuer zu spielen und abzuwarten, bis eine Zeit kommt, in der man vieles verlernt, umgelernt und neu hinzugelernt haben wird.

Eine andere Sorte Amusement, obwohl keineswegs als solches angesehen, sind die geld- und zeitraubenden und nur selten auf die Dauer heilkräftigen, dafür aber weit verbreiteten Praktiken der Psychoanalyse. Schon immer wurde es als wichtig und notwendig erkannt, daß der Mensch vor einem teilnehmenden Zuhörer sein Herz ausschütten konnte. Kirchliche und weltliche „Beichtväter" haben schon immer vermocht, seelische Qualen ihrer Mitmenschen durch seelsorgerische Praxis und Einfühlung zu lindern. Alles aber, was an Theorie über das gerade Angedeutete hinausgeht, entbehrt heutzutage noch der Gültigkeit, denn die Seele zu analysieren, von der man bis jetzt nur die vagsten Vorstellungen hat, ist müßig. Aber genau wie bei der Hypnose müssen wir einräumen, daß der Analytiker jetzt seine Arbeit noch nicht niederlegen kann, weil die Menschheit noch immer in der Illusion befangen ist, sie sei die Krone der Schöpfung. Leider ist es aber doch gerade umgekehrt, und die Welt liegt schon länger in einer Art von geistigem Winterschlaf, obwohl in ihrem Wesen das Streben zu größerer Erleuchtung angelegt ist.

Aber nicht nur Hypnotismus und Psychoanalyse sind Amusements, auch die Religion ist es; schließlich ist sie für eine große Anzahl aller Kirchgänger genau das: der sonntägliche Besuch des Gotteshauses bedeutet nicht viel mehr, als daß man seine Garderobe ausführt, seine Freunde trifft, dort gesehen wird, wo es sich ziemt gesehen zu werden und — für manche — daß man ein eingeborenes religiöses Sehnen befriedigt, wie schwach und vag ein solches Gefühl auch sein mag. Natürlich gehen auch tiefgläubige Menschen in die Kirche; sie sind aber eine Minderheit. Die Mehrheit hingegen verbindet das Angenehme mit dem Nützlichen und tut vor allem das, was sie für richtig hält und schon seit Generationen dafür gehalten hat. Wahre Religiosität ist viel unbequemer. Sie entspringt dem unerfüllten und ruhelosen Herzen, sie scheuert sich wund an dem, was bindet und uns doch nicht aus unseren Zweifeln erlöst. Auch dort, wo man ein annehmbares Dogma lehrt, zieht manch einer gelegentlich aus, um sich auf eigene Faust umzusehen, wenn auch nur, um schließlich wieder an seinen Ausgangspunkt zurückzukehren. Wahre Religion läßt sich nicht von einem zum andern überliefern; das muß jeder für sich neu entdecken. Nur die Lehre läßt sich überliefern, aber das, worauf die Vereinigung einer Seele mit ihrem Gott beruht, muß von jedem einzelnen Menschen neu geschaffen werden, und zwar von Unio zu Unio. In diesem Sinne wiederholt sich ein Gebet nie. Nicht, daß für jedes Gebet die Worte neu gefunden werden müssen (wenn es überhaupt Worte sind), aber das Gefühl hinter diesen

Worten muß jedesmal ein neues sein, wie jeder Frühling neu und anders ist. Die schlichte Seele kann sich mit dem Ritus begnügen, dem Innigkeit den Glanz des immer wieder Neuen verleihen mag, aber die fortgeschrittenere Seele muß tiefer graben, um das tausendmal Erreichte zu neuem Erleben zu gestalten. Das wahre Gebet leiert nichts herunter; es strebt dem zu, was wir einfach Gott nennen. Es ist unwichtig, wie wir uns Gott vorstellen oder ob wir uns überhaupt ein Bild vom Göttlichen machen, obwohl eine Vorstellung sehr wohl den Abgrund überbrücken mag, der Sichtbares von Unsichtbarem trennt. Ja, Vorstellungsvermögen ist ein Weg — fast sind wir versucht zu sagen: ein Kunstgriff —, der es uns erlaubt, uns über uns selbst zu erheben, uns auszudehnen, auf t e r r a i n c o g n i t a Fuß zu fassen. Wer an Symbole glaubt, dem schwebt vielleicht das Kreuz vor oder der Stern Davids, einem anderen der tiefblaue liebliche Himmel oder das nächtliche sternenbesäte Firmament; es mag auch ein persönliches Symbol sein, etwa ein Vogel im Flug, eine sich öffnende Blüte oder (wem dies eher gemäß ist) ein Heiliger, wenn auch nicht alle von der Kirche Heiliggesprochenen wahre Heilige oder auch nur historische Persönlichkeiten sind und manches religiöse Genie in diesem seltsamen Katalog nicht zu finden ist. Und doch sind wahre Heilige Boten des Himmels und Vermittler zwischen den Menschen und jenseitigen Sphären, so wie fromme Geister in weniger erhabenen Sphären eure unsichtbaren Freunde sind und als „innere Stimme" zu euch sprechen.

Was geschieht während eines Gebetes, das wert ist Gebet genannt zu werden? Das Bewußtsein zieht sich aus den äußeren Schichten des Ichs zurück und erleuchtet das Innerste eures Wesens. Wir und die Hellsehenden eurer Welt nehmen diese Erleuchtung wahr. Worauf immer sich euer Bewußtsein richtet, das beginnt zu leuchten. Zöge sich zum Beispiel euer Bewußtsein aus jedem Körperteil zurück, nur nicht aus dem kleinen Finger, würde dieser von innen aufleuchten. Fakire und Jogis meistern die Kunst, ihr Bewußtsein auf einen beliebigen Punkt zu konzentrieren oder es von dort zurückzuziehen und sind somit Herr über den Schmerz. Nicht nur beherrschen sie die Schmerzempfindung an sich, sondern auch die sonst unausbleiblichen Folgen einer Verletzung durch Feuer oder Messer. Feuer brennt sie nicht, Messer und Nägel verletzen sie nicht, denn was wir Bewußtsein nennen, ist mehr und anders als was ihr gemeinhin darunter versteht. Astralleib und Ätherleib verursachen gewisse Reaktionen im Körper, wenn dieser verletzt wird. So bildet sich zum Beispiel eine Brandblase, wenn das Zellgewebe auf bestimmte Weise angeregt wird — eine Reaktion, in der potentielle Heilung inbegriffen ist. Ziehen sich Astralleib und Ätherleib aber zurück, so bleibt diese Reaktion aus und stattdessen bewirkt eine dem Durchschnittsmenschen nicht zugängliche Kraft (die Kraft „Pi", von der noch die Rede sein wird), daß sich keine Brandblase formt und eine Schnittwunde nicht blutet. Das ist das Geheimnis des Fakirs, der über glühende Kohlen läuft und sich aufs Nagelbett legt — und nebenbei auch ein Gutteil des Geheimnisses aller Wunderheilungen. Bei Heilungen wirkt diese Kraft, ohne daß der zu heilende Teil des Körpers sich des Astral- oder Ätherleibes zu entkleiden hätte. Die Kraft wird direkt auf die erkrankte oder verletzte Stelle gelenkt und bewirkt dank ihrer intensiven Heilfähigkeit eine augenblickliche Genesung. Wenn nicht jeder auf diese Art geheilt werden kann, liegt das an gewissen karmischen Gesetzen, die — wie alle geistigen Gesetze mit der Welt der „erweiterten Physik" (siehe Vorwort) verknüpft — eine solche Gnade verhindern. Also muß der um eine derartige Wunderheilung bemühte Mensch, um den Heilprozeß nicht unbewußt zu hemmen, an die Möglichkeit einer Heilung glauben und vor allem muß sein Karma es zulassen, daß diese Kraft ihm entweder durch einen Heilarzt oder aber direkt zugänglich gemacht wird, wenn er die Gesetze der erweiterten Physik meistert. Diese Meisterschaft kann ein Heiliger oder ein Schwarzkünstler besitzen, doch ist das Wirkungsfeld des letzteren auf die wenigen beschränkt, deren Karma verlangt, daß sie bestraft werden. Der Heilende hingegen wirkt dort, wo ein Karma göttliches Eingreifen gewährt.

XI

EIN BLICK IN DIE ZUKUNFT

Wir wollen jetzt über Fragen der Erziehung sprechen, da dieser — in Verbindung mit der Vergangenheit eines Menschen — eine Schlüsselposition in der Bildung einer neuen Persönlichkeit einzuräumen ist. Diese Feststellung ist jedoch sofort etwas einzuschränken. Die Erziehung ist nämlich bis zu einem gewissen Grade durch das Karma eines Menschen vorherbestimmt. Welche Rolle spielt hierbei die Astrologie? Obwohl sie uns gewissermaßen mit einem Portrait des Menschen in seiner Gesamtheit versieht, ist die Astrologie nichts weiter als der Mechanismus, dessen sich das Karma bedient. Dabei ist sie niemals ein entscheidender Faktor; ein Fahrplan reguliert ja auch keineswegs die Ankunft eines Zuges, sondern zeigt sie lediglich an. Obgleich Erziehung, Elternwahl und ähnlich Wichtiges vorausbestimmt sind, besteht für die Leitung eines Kindes doch ein gewisser Spielraum. Ein paar Hinweise dürften deshalb den Eltern sozusagen als Leitfaden willkommen sein, damit sich das Karma des ihnen anvertrauten Kindes optimal erfüllen kann. Künftige Erzieher werden eine viel klarere Vorstellung davon haben, mit welcher Art Menschenkind sie es zu tun haben und können sich dann danach richten. Damit sie, was das Wesen ihrer Kinder oder Schutzbefohlenen anbetrifft, nicht völlig im Dunkeln tappen, werden sie sich zunächst ein Horoskop jedes Kindes verschaffen, schon deshalb, weil dann kein Mensch mehr der Theorie über genetische Vererbung geistiger Wesenszüge Glauben schenken wird. Ein Horoskop wird ihnen sagen, was sie zu erwarten haben und welche Lehrmethoden empfehlenswert sind — außerdem aber wird es sie auch über ihre eigenen

Schwächen aufklären und ihnen andeuten, wie sie die Kinder und sich selbst vor diesen schützen können. Bis jetzt neigten Eltern immer dazu, ihr eigenes Betragen als Norm zu setzen und den Kindern jedes Abweichen von dieser Norm zu verübeln. In Zukunft werden sie einsehen, wie weit entfernt sie selbst von einer solchen Norm sind (wenn es so etwas überhaupt gibt); anders ausgedrückt: sie werden ihre persönlichen Eigenheiten erkennen und auch wie sie sich aus Konfliktsituationen heraushalten können, die ebenso durch ihr eigenes Verschulden wie durch das des Kindes entstanden sein mögen. Kurz, sie werden sich und ihren Kindern gegenüber weniger voreingenommen sein. Schließlich werden sie auch verstehen, wie außerordentlich verantwortungsvoll für alle Beteiligten es ist, Kinder zu erziehen, weil ja auch ihr eigenes zukünftiges Karma davon abhängen wird, wie sie dieses Problem lösen. Denn lösen sie es nicht nach bestem Vermögen, wird ihnen ihr künftiges Karma die gleichen Leiden auferlegen, die sie im Leben anderer verursacht haben. Wir sprechen hier übrigens nicht von Eltern, die ihre Kinder absichtlich mißhandeln — denn selbst in einer erleuchteteren Zukunft wird es solche Kreaturen noch geben. Diese Menschheitsplage, die allerdings jetzt in besonders scheußlicher Weise grassiert, wird fast völlig aussterben, weil sich in einem anderen geistigen Klima die Anzahl böser Menschen auf dieser Erde verringern wird, und zwar durch Reformen, wo solche anschlagen oder aber durch Isolierung der unverbesserlichen Übeltäter. Überwachungsmethoden, die demnächst eingeführt werden, sollen die Verantwortlichkeit für hilflose Kinder dem gesamten Gemeinwesen in die Hand und ans Herz legen. Man wird sich durch gewisse Anzeichen warnen lassen, und körperliche und geistige Mißhandlung — selbst in weniger krasser Form — wird von besorgten Mitmenschen, die sich ihrerseits wieder auf den Beistand der zuständigen Behörden verlassen dürfen, beizeiten entdeckt werden. Es wird dies der Moment in der Weltgeschichte sein, wenn die jetzt gerade einsetzende große Abrechnung mit allem reinen Tisch gemacht haben wird und die Menschen — wenn auch niemals völlig frei von Leid — endlich in einer Sphäre heiterer Gelassenheit leben werden.

Welche Berufe werden die Bürger dieser Zukunft bekleiden? Im großen und ganzen die gleichen wie heute, nur werden sich die Berufe recht tiefgreifend verändert haben. Riesige Vermögen werden nicht mehr in privater Hand sein, stattdessen werden Körperschaften die Mittel zur Verfügung stehen, finanziell da beizusteuern, wo jetzt nur Kunstliebhaber oder philanthropische Mäzene eingreifen. Diese Art der Philanthropie wird nicht in persönlicher Eitelkeit und Ruhmsucht wurzeln, noch wird man sie von der Steuer absetzen; Körperschaften wollen zwar auch Eindruck machen, sind aber doch relativ frei von persönlichem Egoismus. Es wird nicht an Schenkungen zu humanitären Zwecken mangeln und die Künste werden florieren. Künstler auf allen Kunstgebieten werden neuen Mut fassen und für die ganze Welt wird eine wahre Renaissance der Künste anbrechen. Die Forschung wird nachhaltig angekurbelt werden, was — allein in der Medizin — ein Segen für die Menschheit sein wird. Korruption in dem Ausmaß, wie wir sie heute kennen, wird es nicht mehr geben. Aber wann werden alle diese Veränderungen stattfinden? Wir wissen nur, daß ein bestimmtes Quantum an Energie und Opferfreudigkeit notwendig sein wird. Es liegt somit an euch, wann dieses Millenium anbrechen wird. Wahre Einsicht wird seine Ankunft beschleunigen, Bombenwerfen kaum. Um die Menschheit grundlegend zu wandeln, bedarf es natürlich eines noch viel größeren Maßes an Erkenntnis, und es liegt an euch, ob ihr euch eine Weltanschauung aneignen werdet, die sich allmählich ausbreiten und eine Sinnesänderung der Menschen bewirken wird. Und hierzu gehört die Erkenntnis, daß die Veränderungen unter der Oberfläche der sogenannten „Wirklichkeit" von enormer Tragweite sind, weil sie sich im Kern alles Seienden abspielen.

Die Universitäten dieser neuen Zeit werden nicht wiederzuerkennen sein, so sehr werden sich Stoff und Methode des ganzen Lehrbetriebes verändert haben. Ein völlig neues Fach wie Astrologie, dessen fundamentale Bedeutung für alle anderen Lehrbereiche man erkannt haben wird, kommt in den Lehrplan. Die Studenten werden die grundlegenden Komponenten dieses Wissensgebietes erforschen und von da andere Forschungsrichtungen einschlagen. Die Chemie wird das werden, was dem Alchemisten von einst vorschwebte und was der Chemiker von heute ignoriert. Auch die Physik wird sich ändern und die medizinische Wissenschaft wird ihre gegenwärtigen Errungenschaften mit einem gänzlich neuen Menschenbild in Einklang bringen. Studentenunruhen gehören dann der Vergangenheit an. Ebenso das Rauschgift, dessen verhängnisvolle Folgen bis dahin anhand der Dezimierung der Weltbevölkerung offenkundig sein werden. Der neue Student wird ernst und fleißig und von einer für manche ans Religiöse rührenden Weltanschauung getragen sein. Akademische Leistungen werden wieder erwartet und gebührend anerkannt werden, wie übrigens auch die Arbeit von fähigen Verwaltungsbeamten. Zu allem anderen wird man auch wieder auf gute Manieren achten, die im Moment vielen von euch keinen Pfifferling wert zu sein scheinen, denn — ideal gesehen — sind gute Manieren ja nichts anderes als zu Tradition und Gewohnheit erhobene Rücksichtnahme und Gefälligkeit. Sie erleichtern jedwede Routine und verleihen dem Alltag eine Spur von Anmut.

Das Alter als Lebensepoche wird in Zukunft nicht wiederzuerkennen sein. Heute ist es ja nichts als eine Verlängerung des Lebens ohne die Annehmlichkeiten der Jugend. Obschon in den letzten Jahrzehnten allerhand Fortschritte auf diesem Gebiet zu verzeichnen sind, ist das Alter doch letzten Endes eine Zeit der Gebrechlichkeit — halbwegs erträglich gemacht durch Mittelchen, welche mancherlei Symptome vermindern — eine Zeit des Abhängigseins, der durch das Verhalten der Mitmenschen unausbleiblichen Demütigung; es ist eine Zeit der Hilflosigkeit und Verlassenheit. Das wird sich ändern, weil sich die gerontologische Wissenschaft ändern und man sich dann kaum noch auf den alten Menschen von heute — von Arthritis verkrüppelt oder geschrumpft und auf hunderterlei Weise behindert — besinnen können wird. Die Gerontologie wird die eindrucksvollsten Fortschritte aufzuweisen haben, und zwar nicht durch Entdeckung eines Allheilmittels, sondern durch gute Pflege von Kindheit an, unverpestete Umgebung, gesunde Ernährung und — das ist das wichtigste — durch ein tieferes Verständnis der Beziehung des Menschen zum All. So zahlreich sind die Verbesserungen, die ihr zu gewärtigen habt, daß wir sie in einer Botschaft, die das von uns wahrgenommene Gesamtbild ja nur umreißen soll, nicht einzeln aufzählen können. Die Verwirklichung steht noch im weiten Felde, aber was schadet es, wenn der Reiter weiß, wohin es geht, ehe er sich in den Sattel schwingt?

Auch Geisteskrankheiten werden im wesentlichen ein Ding der Vergangenheit sein. Wie ist dies möglich? Auf dem Gebiet der psychischen Hygiene erleidet die Menschheit durch euer lückenhaftes Wissen die allerschwersten Schäden. Neunundneunzig Prozent der Insassen aller Heilanstalten und ebensoviele Privatpatienten von Psychiatern wären zu heilen, wenn die schlimmsten Verstöße gegen die menschliche Seele einmal endeten — und das werden sie eines Tages auch. Von Menschen verursachte Traumatisierungen im Kindheitsalter werden vermieden werden; hören erst einmal die Kriege auf und die Grausamkeiten mancher Eltern und Erzieher, so wird eine ganze Menge Gemütskranker wegfallen. Was bleibt sind Menschen, die durch eine Naturkatastrophe oder einen Unfall einen schweren Schock erlitten haben. Und verstünde man das Wesen des Medialen von Grund aus, so könnte man getrost die Irrenanstalten aufsperren, denn praktisch hat jede Form von Geisteskrankheit mit Einflüssen aus der Geisterwelt zu tun. Diese Einflüsse sind natürlich nicht immer der alleinige Grund für eine Geisteskrankheit, aber gewisse durch astrologische Analyse bestimmbare Prädispositionen sind wahre Brutstätten, welche die Einmischung unerwünschter Wesenheiten begünstigen. Was die gerade erwähnten Prädispositionen anbetrifft, so wird die medizinische Wissenschaft in Zukunft feststellen, daß es die Kluft zwischen somatischen und psychischen Symptomen nicht gibt und wird diese Symptome als zwei Aspekte ein und derselben Ursache anerkennen. In Fällen einer unvermeidlichen psychischen Störung wird man die Patienten mit ungleich größerer Einsicht behandeln und sich dabei nicht mehr auf die gegenwärtig angewandten und relativ wirksamen Mittel verlassen, die dann durch Heilmethoden rein geistiger Art überflüssig geworden sind.

Kinder wird man erziehen, als wären sie Erwachsene, die einer gewissen Lenkung bedürfen. Diese wird ihnen in respektvoller Weise zuteil werden, als wäre das Kind mehr oder minder gleichberechtigt; ausgenommen sind dabei die ersten Lebensjahre, wo Argumente noch nicht verfangen und ein rascher Klaps, möglichst gleichmütig verabreicht, mehr Erfolg hat. Die Eltern werden die Kinder in einer Weise behandeln, die beiden Teilen später adäquat erscheinen wird. Elterliche Autorität soll gelten, denn junge Menschen brauchen sie. Sie werden sie auch akzeptieren, wenn sie ihnen selbstverständlich ist und nicht aus Wortschwall besteht. In Zukunft werden Kindergarten und Schule die elterliche Erziehung stützen, weil die Psychologie dann endlich den Kinderschuhen entwachsen sein wird und Lehrer im Hinblick auf die Wichtigkeit ihrer Aufgabe anständig bezahlt werden. Schwer erziehbare und verhaltensgeschädigte Kinder wird man in Anstalten sorgfältig untersuchen und dort — wir erwähnten das schon — die Unverbesserlichen von denen trennen, die lediglich krank sind. Man wird diese Kinder weder übertrieben sanft noch unnötig streng behandeln. Die Lehrmethoden werden sich in manchem an die Montessori-Methode anlehnen; das Übernommene wird man erweitern und verbessern und durch neue technische Mittel ergänzen. Verglichen mit heute werden Kinder dann sehr früh reif werden und trotzdem kindlich und heiter sein. Könnte man einen Blick in ein Klassenzimmer der Zukunft werfen, wäre man bestimmt sehr angetan von der erfreulichen Mischung von Disziplin, Ungezwungenheit und wirklicher Freude am Lernen.

Die alten Kirchen wird ein neuer Geist erfüllen. Sie werden — wie schon so oft zuvor — reingefegt sein von allem gemeinen und falschen Plunder. Wenn die Menschen wüßten, was sich zuweilen unter dem römischen Ornat und der fast trügerisch schlichten Tracht reformierter Christlichkeit verbirgt, würde es sie überlaufen. Oder vielleicht auch nicht, denn wahrer Idealismus ist rar geworden auf dieser Welt und dazu noch recht kostspielig, Kreuz und Luxus zugleich für einen, der ihn auf sich zu nehmen gewillt ist. Für viele ist der Idealismus nicht mehr als eine Maske, hinter der sie ihre Heuchelei verbergen. Aller Lügen wirksamste ist immer noch die, mit der man sich selbst belügt. Lügen, wie immer sie aussehen, tragen das Signum der Hölle — der gleichen Hölle, die für viele nur noch ein veralteter Begriff ist, ein Aberglaube, ein Nicht-Ding. Aber für den, der sehen, hören und denken kann, ist sie durchaus evident. Das über den ganzen Erdball ausgeworfene Lügennetz, in dem zahllose Opfer zappeln, ist aus Höllensubstanz geknüpft. Wer die Wahrheit entstellt, hat das Licht der Welt geschändet. Und Millionen von Wesen sind, ob sie es wissen oder nicht, in dieses Garn verstrickt. Wem auch nur die kleinste Lüge über die Lippen kommt, sitzt bereits im Netz, fein gesponnen wie Altweibersommer, aber zäh und tödlich wie das Netz einer Giftspinne. In der Falschheit florieren die Höllengeister, sie ist die Lebensluft der Irren, die Nichtluft der Verdammten. Auch wenn sie noch so hübsch daherkommt, ist die Lüge eine Höllenfrucht. Die Lügen Roms und des Protestantismus sind nicht einmal hübsch, sondern ein Hohn auf die denkende Menschheit. Sie unterdrücken die Freiheit des Gläubigen, indem sie ihm einreden, er entbehre der Demut, wenn er die Heilige Schrift kritisch liest. Die Menschen werden eine Religion, die ihres Namens würdig ist, erst dann haben, wenn man im Lichte größerer Freiheit und tieferen Wissens das Alte und das Neue Testament gründlich überprüft hat. Nicht nur wird man die für heilig angesehenen Schriften genau durchgehen müssen, um zwischen angeblich authentischen Berichten, späteren Zusätzen und ausgesprochenen Fälschungen unterscheiden zu können, man wird auch neuen Propheten und Sehern gestatten müssen, ihre Stimme zu Ehren großer Seelen zu erheben, deren Namen man zur Knechtung und Verwirrung vieler Menschen mißbraucht hat. Unter ihnen sind solche, die aus Sehnsucht nach Erleuchtung in ihrem Eifer entstellte und verdrehte Dogmen als Wahrheit akzeptiert haben. Die Religion der Zukunft, von der wir euch eine kleine Vorstellung zu geben versuchten, wird einst die Gestalt der großen Wohltäter der Menschheit in ihrem wahren Glanz neu erstehen lassen und damit weder Glaubensfähigkeit noch religiöse Ergebenheit überfordern.

Es wäre umständlich und zeitraubend, aus den Schriften von Freud und Jung und aus den Texten anderer einflußreicher Köpfe das Richtige vom Falschen zu sondern.* Da wir euch hier aber die Essenz dessen übermitteln, was wir als Wahrheit erkannt haben, erübrigt sich eine detaillierte kritische Analyse der eben aufgeführten Werke. Wir möchten deshalb jetzt das zusammenfassen, was wir auf den vorangegangenen Seiten mitzuteilen versuchten:

---

* Wir möchten den Bemühungen dieser Denker unseren Beifall nicht versagen und bedauern nur tief, daß soviel Energie an Theorien verschwendet wurde, die wenig mehr erreicht haben als ein oder zwei Generationen die Köpfe zu verdrehen. Freuds großes Verdienst war die Wiederentdeckung unterbewußter Mechanismen und das Jungs der Hinweis auf Regionen, die jenseits der von Freud behandelten lagen. Beide haben weitgehend das Weltbild der heutigen Menschheit geprägt und beide bedauern es jetzt, damit so erfolgreich gewesen zu sein.

1
Mit „Welt" oder — wenn ihr das vorzieht — mit „Universum" bezeichnen wir alles, was — nach unserem Ermessen — überhaupt existiert. Das Ganze ist ewig, seine Teile aber nicht. Es ist ungeschaffen, vielmehr, es tritt immer wieder als Schöpfung zutage, und zwar nach einem Gesetz, das wir göttlich nennen.

2
Über die Existenz eines persönlichen Gottes vermögen wir nichts auszusagen. Wir können aber das Vorhandensein verschiedener Existenz-Ebenen bezeugen, die vom Pol größter Dichte und Finsternis bis zu einem Gegenpol reichen, wo ätherischste Transparenz und völlige Erleuchtung herrschen. Diese beiden Pole entsprechen auch der Gegenüberstellung von Gut und Böse, von Himmel und Hölle. Wenn wir von Himmel und Hölle sprechen, bezeichnen wir damit nicht Orte, sondern Seelenzustände.

3
Wir glauben, daß die menschliche Seele ein unzerstörbarer Teil des Universums ist.

4
Wir glauben, daß die Seele immer wieder in eine Welt der Materie zurückkehrt, die ihr besondere Möglichkeiten und Aufgaben bietet. Diese Besuche, auch Reinkarnation genannt, sind von verhältnismäßig kurzer Dauer und werden umso seltener, je höher sich die Seele entwickelt.

5
Wir sind uns der Tatsache bewußt, daß das Universum nach Gesetzen regiert wird, die auf absoluter Gerechtigkeit beruhen.

6
Wir glauben, daß der Mensch während seiner Inkarnation fähig ist, höhere Bewußtseinszustände zu entfalten.

7
Wir bekräftigen, daß zwischen eurer Welt und der unseren eine direkte Verständigung möglich ist.

8
Wir bekräftigen ferner, daß die Geisterwelt den inkarnierten Menschen inspirieren und beeinflussen kann, obwohl er sich dessen im allgemeinen so wenig bewußt ist wie der Entscheidungen, die er im Unterbewußten in Hinblick auf das Gute oder das Böse trifft.

9
Wir haben den Menschen als ein Wesen beschrieben, das aus einer S e e l e besteht und diese wiederum aus der Summe ihrer Vergangenheiten; aus einem A s t r a l l e i b, der dem physischen Leib in allen Einzelheiten entspricht; aus einem Ä t h e r l e i b, der, einer Plazenta nicht unähnlich, den physischen Leib umgibt, sich aber nach dem Tode auflöst; aus einer A u r a schließlich, der irisierenden Emanation des Menschen in seiner Gesamtheit. Nach dem Tode vereinigen sich Astralleib und Aura und tragen die Seele, wie der Leib sie trug, solange der Mensch am Leben war.

10
Nach dem Tode wird der Mensch ausschließlich von einem von innen her wirkenden universalen Gesetz gerichtet und niemand vermag ihn von seinen Sünden loszumachen — denn ein jeder muß selbst für sie büßen. Es fällt aber auch keiner in „ewige Verdammnis", wie schwer seine Sünde auch gewesen sein mag, denn jede Sünde kann gesühnt werden.

XII

PI UND ANTI-PI

Wir, Evas Lehrer, hoffen unsere Hauptpunkte, in denen geistig-religiöse und intellektuelle Betrachtung ineinander übergingen, bereits klargemacht zu haben und fahren nun fort. Unser Erfolg, gehört zu werden, mag anfänglich bescheiden sein: dennoch ist es diesem Leitfaden bestimmt, die Grundelemente einer künftigen Weltanschauung zu übermitteln, die den Wust heutiger „wissenschaftlicher" und pseudo-metaphysischer Theoreme ersetzen werden. „Die Wahrheit dürfte kaum so kompliziert sein, wie uns manche glauben machen wollen." Diese Wort des bedeutenden Physikers Sir Oliver Lodge rühren an das große Geheimnis: Forschungen, die sich aus dem Zwischenreich geistig-religiöser Finsternis speisen, können uns niemals gültige Antworten geben. Wie aufsehenerregend diese Ergebnisse auch sein mögen, sie ergeben kein verbindliches metaphysisches Ganzes. Die einfache, so lange schon abhandengekommene Wahrheit muß erneut entdeckt werden, damit die Menschheit mit einer Wirklichkeit zurechtkommt, die sich nur durch eine Verbindung zweier Sehweisen, der geistig-religiösen und der intellektuellen, fassen läßt.

Unsere Aufgabe vollzieht sich in zwei Phasen: im Aufhellen sowie im Auskunftgeben, obwohl sich beide natürlich mitunter überschneiden. Da wir eine Anzahl eurer falschen Vorstellungen beseitigen konnten (zumindest theoretisch — alte Denkgewohnheiten werden nur ungern aufgegeben!), machen wir euch nun weitere Mitteilungen, ohne es für nötig zu erachten, Vorurteilen und eingefleischten Denkweisen ausdrücklich entgegenzutreten.

Das im Folgenden dargelegte Material wird hier zum ersten Mal enthüllt und mag deshalb auf Widerstand stoßen, denn neue Gedanken brauchen Zeit, ehe sie absorbiert werden. Was aber morgen akzeptiert werden soll, muß heute bereits ausgesprochen werden, und zwar ohne Rücksicht darauf, ob euch diese völlig neuen Ideen gelegen kommen. Diese Enthüllungen betreffen Tatsachen, die sich nicht ohne weiteres verifizieren lassen; damit man sie aber überhaupt untersuchen kann, müssen sie zunächst als Hypothesen aufgestellt werden. Von ein paar Zufallsfunden abgesehen, gründete sich bis jetzt jede Entdeckung auf ein zuvor erwecktes Interesse für den betreffenden Gegenstand. Wir fühlen uns deshalb verpflichtet, euch gewisse Dinge zu unterbreiten und somit Entdeckungen zu beschleunigen, die einen wichtigen Teil der Welt von morgen ausmachen werden. Wir vermitteln also einige neue Ideen und sind überzeugt, daß sie denjenigen von euch einleuchten werden, deren Aufgabe es ist, ihre Gültigkeit zu prüfen und sie aus Hypothesen in universal anerkannte Tatsachen und Theorien zu verwandeln.

Jahrhunderte, nein Jahrtausende, wurden die Menschen geschult, bestimmten Tatsachen Glauben zu schenken. Das menschliche Gehirn hat sich also an diese Gedanken gewöhnt, wie ein Flußbett seine Form dem Fluß verdankt, dessen Fließen es wiederum bestimmt. In ähnlicher Weise haben gewisse Denkformen euer Gehirn geprägt, das nun von neuen Ideen umgeformt werden muß. Zunächst wird sich nicht nur der Verstand, sondern auch der rein physische Teil des Gehirns dieser Wandlung widersetzen, allmählich aber, von Logik und Evidenz dazu gezwungen, wird es sich ins Unvermeidliche fügen. Hat sich diese Umwandlung des Gehirnes erst einmal vollzogen, wird es nicht länger schwierig sein, das Denken in gewisse Bahnen zu lenken. Deshalb sind wir wie gesagt nicht nur verpflichtet, euch von der Annehmbarkeit neuer Hypothesen zu überzeugen; wir müssen auch gleichsam neue Stollen in euer Gehirn treiben — in dieses physische Organ, das zwar ein Denkapparat ist, aber doch nur einen Teil des gesamten Denkprozesses darstellt. Noch einmal muß uns ein Vergleich helfen: das Gehirn, obschon es einem Elektrizitätswerk gleicht, ist nicht der Fluß, der dieses Werk mit Kraft versorgt. Über diese Kraft ist wenig bekannt, denn sie ist kein Teil des physikalischen Universums. Sie ist aber die Kraft, die viele Rätsel löst und zum Beispiel erklärt, warum sich mitunter Menschen bei schweren Hirnschäden trotzdem normal verhalten können. In der Medizin hat man sich oft gefragt, welcher andere Gehirnsektor in einem solchen Fall die Funktion des geschädigten Bereiches übernimmt. Es ist das astrale Gegenstück, das sich aus jenem unerkannten Etwas speist, auf das wir nun zu sprechen kommen.

Was die Hindus „Prana" nennen — eine Bezeichnung, die dem, was wir meinen, nur vage entspricht —, ist lediglich eine von vielen Kräften, die das Universum durchfluten. Es ist eine durch und durch schöpferische Kraft oder vielmehr jenes Etwas, das aller Schöpfung überhaupt erst Kraft verleiht, etwa wie die Elektrizität, ehe sie sich in Licht oder Wärme umsetzt. Es ist der lebenspendende Antrieb, der formgebende Impuls hinter der eigentlichen materiellen oder ideellen Schöpfung. Wir wollen diese Kraft „Pi" nennen, weil sie mit Prana verwandt ist und aus Ehrfurcht vor einem der bedeutendsten philosophischen Systeme, die es je gegeben hat. Pi kann sich irgendeiner spezifischen Seinsweise verbünden: der Zeugung, dem Wachstum, einer Erfindung, der Inspiration, um nur einiges zu nennen — sie ist der Ansporn, der Versorger, sozusagen der Joker im Kartenspiel, der Impuls hinter allen Impulsen, die Kraft, welche sagt: „Los! Werde! Harre aus!" Steht sie bösen Zwecken zur Verfügung? Aber nein! Obschon sie universal ist, also die unsichtbare Welt durchdringt und sich zugleich in der sichtbaren manifestiert, kann sie im Dunkel nicht bestehen und ist deshalb in Sphären größerer Dichte nicht vorhanden. Wir möchten euch noch einmal daran erinnern, daß es sich hierbei nicht um physische Dichte handelt. Pi wirkt also geistig selektiv, hat aber ein Pendant, eine Entsprechung, in tieferen Ebenen. Dieses Pendant aber entbehrt der Kraft seines göttlichen Urbildes und läßt sich nicht zum Wohl der Menschheit verwenden. Es kann lediglich bösen Kräften schwarze Energie zuschießen, wohingegen Pi die Kraft ist, mit deren Hilfe Wunder bewirkt werden. Eine der Fähigkeiten von Pi ist es, das astrale Gehirn eines Hirngeschädigten so zu aktivieren, daß es die Funktion des physischen Gehirnes übernehmen kann.

Es war die Kraft Pi, welche die Wunder Jesu bewirkte. Sie ließ ihn auf dem Meer wandeln, indem sie jedes Atom seiner Gestalt stützte. Pi bewirkte auch das Wunder der Speisung der Fünftausend, die augenblickliche Vermehrung von fünf Broten und zwei Fischen. In Lourdes und an ähnlichen Orten der Welt steht die Kraft Pi denjenigen zu Gebote, deren Karma das Wirken eines Wunders zuläßt. Auch Toni Agpaoa von Manila verfügt über Pi und operiert ohne chirurgische Instrumente, indem er mit bloßen Händen — und der Kraft Pi — erkrankte Organe aus dem Körper seiner Patienten entfernt. (Seine Feinde und Verleumder leugnen diese Leistung; während solcher Operationen gedrehte Filme beweisen sie jedoch hinlänglich.)* Die Kraft Pi wird in kleinen Mengen angewandt, wo Heilungen beschleunigt werden sollen, was oftmals zu sofortiger Genesung führt. Diese Tatsache, Kernpunkt einer verbreiteten Religion des Westens und ein wahrer Edelstein inmitten dieser weitgehend falschen Doktrin, hat zur Unterstützung von Ideen herhalten müssen, die das Produkt einer Unerleuchteten sind. Die Begründerin jener Sekte bedauert es jetzt tief, eine Unzahl ihrer gläubigen Anhänger in den Tod oder in chronische Leiden gestürzt zu haben. Aber wie so oft bediente sich auch hier das

---

* Ob Toni Agpaoa auf der seelischen Höhe blieb, die ihm ursprünglich eigen war, ist eine Frage, die an der hier angeführten Tatsache nichts ändert.

Karma eines bereitwilligen Werkzeugs, um karmische Schuld in einem ungeheuren Ausmaß zu vergelten; es bediente sich eines Menschen, der es gut meinte, der aber mitnichten seinem vermeintlichen Auftrag gewachsen war.

Die Kraft Pi ist aber nur einer von zwei Faktoren, die in spiritistischen Séancen am Werke sind. Da verbindet sie sich mit dem Ektoplasma, jener nebelartigen leuchtenden Substanz, die dem Körper des Mediums entströmt.* Diese Mischung ist ideoplastisch, d. h. sie untersteht dem Willen geistiger Wesenheiten und bildet eine Verbindung zwischen eurer und unserer Welt. Ektoplasma nimmt jedwede gewünschte Form an und läßt sich zu jedwedem Grad von Festigkeit verdichten; es kann zum Hebel geformt werden, der stark genug ist, einen Menschen hochzuheben oder ein schweres Möbelstück zu verrücken, oder zu einem menschlichen Kehlkopf, der es Geistern ermöglicht, euch ihre leider oft so trivialen Botschaften zuzuflüstern. Ob solche Mitteilungen von Wert sind, hängt von dreierlei ab, einmal von dem geistig-religiösen und intellektuellen Niveau des Mediums, dann von den an der Séance Teilnehmenden und schließlich von der körperlosen sich mitteilenden Wesenheit. Es dürfte deshalb nicht überraschen, daß nur wenige Mitteilungen aus dem Jenseits von Interesse sind. Dazu kommt, daß wahrhaft erleuchtete Seelen vergangener Jahrhunderte, die neben anderen mediumistischen Gaben sämtlich das besaßen, was man heute ESP nennt, es nicht gewagt hätten, Botschaften zu vermitteln, die sie den Häschern der Inquisition ausgeliefert haben würden. Somit wird klar, warum trotz einer Unmenge neuerer Veröffentlichungen von unterschiedlichem Wert so we-

---

* Poltergeist-Phänomene sind auf verschiedene Umstände zurückzuführen: Ist kein Medium zur Hand — was allerdings selten ist — rührt die Kraft, die Geräusche verursacht und Gegenstände bewegt, ganz von schwarzen Mächten her. Sonst wird das Ektoplasma von Menschen und sogar von Tieren verwandt, und zwar in Verbindung mit der Gegenkraft von Pi, also dem bereits erwähnten Anti-Pi.

nig wirklich Bedeutendes den „Eisernen Vorhang", den ihr zwischen eurer und unserer Welt gezogen habt, durchdringen konnte. Und doch ist das Kommunizieren mit höheren Ebenen, solange es von gottergebenen Menschen geübt wird, noch immer die beste Art, das, was die großen Lehrer der Menschheit in der Vergangenheit verkündet haben, in seiner vollen Bedeutung lebendig zu erhalten. Die Menschheit böte wahrhaftig permanent den gottverlassenen Anblick der jetzigen Generation, flösse ihr nicht ein ständiger Strom von Mahnung und Beistand aus höheren Ebenen zu — während der langen, einsamen Zeiten, bis wieder ein Erlöser erscheint.

Pi, wir sagten es schon, ist nur eine Kraft in dem Netz der Kräfte, das im Universum wirksam ist. Pi ist aber die bedeutendste, denn sie ist der Träger anderer Kräfte. In unserem Kapitel über Astrologie sprachen wir bereits von qualitativ differenzierten Energien. Diese Energien werden von Pi getragen, das sich hierdurch verändert. Man hat diese Kraft verschiedentlich „Prana" oder „Od" (Reichenbach) oder „Orgon-Energie" (Reich) oder auch anders genannt, bis schließlich von dem, was wir als die Kraft Pi beschrieben haben, nur noch eine entfernte Ähnlichkeit übrigbleibt, wie etwa beim Bergsonschen „élan vital". Jene anderen im Universum wirksamen Kräfte, im Grunde abgewandelte Pi-Kräfte, sind dennoch einzigartig, da ihr Hauptbestandteil eine ganz bestimmte, der Kraft Pi hinzugefügte Qualität ist. Woher aber stammen diese Qualitäten? Wir wissen es nicht. Ähnlich wie die Kraft Pi sind sie einfach da, grundsätzlich und axiomatisch. Auf jedem euch bekannten oder noch unbekannten Planeten wird eine dieser Qualitäten nach einem inneren Ordnungsgesetz aller Dinge gespeichert und neu verteilt. So wäre etwa Saturn ein Speicher für eine zwingende und einschränkende Kraft, Jupiter für eine expansive und das Wachstum fördernde usw., jedoch — um diese Tatsache noch einmal zu betonen — ist keiner der betreffenden Planeten selbst die Quelle jener Kräfte. Wir möchten ferner noch auf die Möglichkeit hinweisen, daß es in anderen Sonnensystemen vielleicht weitere Saturn- und Jupiter-Planeten gibt, und daß auch in diesen Kräfte gespeichert werden, die Grundprinzipien des Lebens darstellen, ob offenbar oder verborgen, in unserem oder einem anderen Sonnensystem, in der Vergangenheit, der Gegenwart oder der Zukunft: ewige Bausteine eines nie endenden Lebens.

Wir haben nun die Kraft Pi in ihrer Wandlungsfähigkeit als die Hauptströmung des Universums etabliert. Wie aber steht es um Anti-Pi, die von den Bewohnern niederer Sphären angewandte Gegenkraft? Sie ist leider ebenso grundsätzlich, doch blieb sie bis zum Erscheinen des Menschen unwirksam; der Mensch allein hat die Fähigkeit, böse zu sein. Während der langen Fristen, in denen Pi einen neuen Planeten schafft und vormenschliche Geschöpfe auftreten, ruht Anti-Pi im Zeitenschoß, obwohl man hier „angriffsbereit wie eine Natter" hinzusetzen sollte. Doch brauchte kein Mensch je mit dieser Gegenkraft in Berührung zu kommen, hätte er die moralische Stärke, ihr zu widerstehen. Im Kampf, in dem sich ein Charakter bildet, ist Anti-Pi Gegenspieler und Feind und kann als eine Urform des „notwendigen Übels" angesprochen werden. Solange ihr noch inkarniert seid, könnte der Gedanke an diese bösartige Kraft die meisten von euch beängstigen und deprimieren. Das hört aber auf, sobald ihr auf höheren Bewußtseinsebenen angelangt seid. Von dort gesehen ist Anti-Pi nichts weiter als die Flamme in der Esse eines Schmieds.

Daß wir Anti-Pi als ein Faktum etabliert haben, muß euch nicht betrüben. Vergeßt bitte nicht, daß ihr mit eurem im Augenblick noch verringerten Verständnisvermögen, mit eurer viele Dinge falsch beurteilenden oder verzerrenden Einsicht, also in einem noch weitgehend unentwickelten Zustand, einfach noch nicht geeignet seid, eure gegenwärtige Lage richtig zu beurteilen. Wir hoffen sehr, daß ihr dies nicht vergeßt, denn es erleichtert uns die schwierige Aufgabe, euch über einen Aspekt des Lebens aufzuklären, der auf den ersten Blick dazu angetan ist, euch zurückschrecken zu lassen, wenn ihr ihn nicht überhaupt als zu trist von der Hand weist. Wir wollen deshalb so detachiert wie möglich über Anti-Pi sprechen, da dies die einzig angebrachte Einstellung ist, obgleich es euch noch nicht — und selbst uns nicht immer — gegeben ist, die notwendige Distanz zu wahren. Indem wir, um euch beizustehen und euch zu leiten, auf eure Seinsebene hinabsteigen, mag es geschehen, daß wir vorübergehend der Sehweise verlustig gehen, die unseren Sphären eignet. Unsere Seinsebene zeigt nämlich die Dinge in einem völlig anderen Licht und erfüllt uns mit einer Seligkeit, die ihr euch nicht vorstellen könnt — schon deshalb nicht, weil diese Seligkeit eine Umprägung aller Werte und ein völliges Auslöschen jener Begriffe mit sich bringt, denen in den Niederungen des Lebens so viel Kummer entspringt.

Wir haben euch nahegelegt, Anti-Pi mit einer euch wirklich noch nicht eigenen Gelassenheit zu betrachten und möchten nun in diesem Sinne fortfahren. Da Anti-Pi auf der ganzen Welt — uneingeschränkt sich potenzierend — grassiert, scheint uns eine Beurteilung geboten, die auf einem Mehr an Wissen und Sachlichkeit beruht. Diese Gegenkraft hat nämlich die Tendenz, sich zu verstärken, wo menschliche Unwissenheit und Gleichgültigkeit angesichts höherer Prinzipien herrschen. Dies beruht auf einer Weltanschauung, die sich etwas auf die neutrale Haltung zugute tut, die sie angesichts der „überholten" puritanischen Gegenüberstellung von Gut und Böse, Recht und Unrecht einnimmt. Diese Haltung ist tatsächlich ein großer Sieg für jene Wesenheiten, die Anti-Pi manipulieren, das in diesem Fall als das Böse schlechthin anzusehen ist, als ein Abstraktum, aber dennoch mit ungeheuerer Macht ausgestattet. Anti-Pi siegt, weil es den menschlichen Geist in Bann hält. Je intellektueller sich dieser Geist gibt, umso nachhaltiger verfällt er dieser modernen Einstellung. Gegen diese Haltung müssen wir unser stärkstes Geschütz auffahren; unsere Bemühungen in dieser Richtung sind es, denen wir den Vorrang einräumen müssen, da sie wichtiger und wirksamer sind als alle eure Versuche, die gegenwärtigen Zustände gewaltsam zu beenden, so tadelnswert diese auch sein mögen. Im Geist der Menschen hat sich Anti-Pi sein Hauptquartier errichtet, und gegen diese Hochburg richten wir unsere Angriffe und unsere ganze Überzeugungskraft.

Anti-Pi beherrscht eure Welt so stark, daß eure Atmosphäre völlig, wenn auch nicht ausschließlich davon erfüllt ist. Dennoch ist Anti-Pi auch für uns nicht sichtbar. Wir spüren es und vermeiden es, so gut wir können, denn wenn auch unsichtbar, ist sein Vorhandensein doch wahrnehmbar. Pi und Anti-Pi sind entgegengesetzte Prinzipien, die sich nur dann offen befehden, wenn sie von miteinander ringenden Kräften gehandhabt werden. Nur dann werden Pi und Anti-Pi als Waffen angewandt — nicht als Waffen in eurem Sinn, sondern als gegen einen Feind gerichtete Energien. Diese Energien lassen sich auf verschiedene Weise abwandeln und besonderen Umständen anpassen. Im Kampf mit unseren Feinden können wir Pi in seinen verschiedenen Erscheinungsformen einsetzen, aber nicht nach eigenem Ermessen. Wann immer wir Pi anzuwenden gedenken — ob als Waffe oder um ein sogenanntes Wunder zu vollbringen — wenden wir uns an höhere Wesenheiten und überlassen diesen die Entscheidung, ob eines Menschen Karma einen solchen Eingriff gestattet oder nicht. Die Entscheidung hierüber stützt sich nicht so sehr auf persönliche Ansicht als auf ein blitzartiges Vorauswissen des Urteils, das eine universal-autonome Gerechtigkeit jeweils fällen würde. Doch wäre es schwierig, diese beiden Arten von Entscheidung scharf gegeneinander abzugrenzen; das Urteil einer höheren Wesenheit würde mit dem Entscheid einer unfehlbaren, unpersönlichen Gerechtigkeit weitgehend übereinstimmen. Wir wenden uns besonders dann an höhere Wesen, wenn die Zeit knapp ist und Leben oder Tod von der Geschwindigkeit, mit der eine Entscheidung getroffen wird, abhängt. Pi als Waffe können wir euch nur annähernd beschreiben, und zwar indem wir es mit einem Laser vergleichen, der irgendeine Form annehmen kann. Dieser wiederum läßt sich nur von jemand handhaben, dessen eigene Frequenz hoch genug ist um wirksam zu sein. Das schließt Wesenheiten niederer Frequenz, also schwarze Kräfte, automatisch aus. Diese verwenden nämlich Anti-Pi als Waffe, was aber nur da wirksam ist, wo die absolute Gerechtigkeit eine derartige Vergeltung verlangt. Die Wirksamkeit von Pi oder Anti-Pi hängt also vom individuellen Karma ab, und zwar — wenn das Karma es zuläßt — vom Lauern und der grimmigen Entschlossenheit zerstörerischer Wesenheiten oder aber von der Wachsamkeit und Hingabe derer, die seit undenklichen Zeiten darum ringen, latente Gerechtigkeit in offenbare zu verwandeln.

Wir haben die wesentlichen Eigenschaften von Pi und Anti-Pi umrissen und möchten jetzt die beiden Phänomene etwas ausführlicher behandeln. Wie, genau genommen, funktioniert Pi? Wir sagten schon, Pi erinnere an den Joker im Kartenspiel; man könnte diese Kraft auch mit einem Chamäleon vergleichen, denn wo immer sie zu Heilzwecken angewandt wird, verwandelt sie sich in jene Zellen, die zur Genesung notwendig sind. Obwohl die Heilung, d. h. der Ausgleich einer Unzulänglichkeit, immer durch Pi bewirkt wird — und man in solchen Fällen zu sagen pflegt, die Natur habe sich geholfen — beschleunigt es in sogenannten Wunderheilungen einfach den natürlichen Genesungsprozeß und ersetzt sogar manchmal, was die Natur normalerweise nicht vermag, die zweiten Zähne, einen erkrankten Knochen, ein Auge, usw. Die Natur ersetzt erkrankte und abgenutzte Körperteile nicht immer wieder, weil Verfall ein natürlicher Vorgang ist. Aber in Lourdes — um einen Wallfahrtsort zu nennen, den die meisten Menschen kennen — haben solche Wunderheilungen stattgefunden, wie sie auch von einer Anzahl Heilkundiger hier und dort bewirkt wurden. Und doch — wie auch in Lourdes, wo infolge eines hoffentlich nur vorübergehenden Nachlassens der die Kraft Pi stützenden

Schwingungen Anti-Pi-Kräfte einzudringen vermögen — kann sich Heilkraft vermindern, weil Pi etwas Lebendiges ist und nicht etwas, das sich wie eine Konserve aufbewahren läßt. Nicht nur Pi, auch Anti-Pi ist eine lebendige Kraft, und beide können nur fließen, wenn sie beansprucht werden. Obwohl Anti-Pi nur selten für zerstörerische Zwecke eingesetzt wird, weil ein Karma dies nur selten verlangt, bedienen sich der Wodu-Zauberer wie auch andere Schwarzkünstler dieser Kraft in Fällen, in denen unheilvolle Befehle erteilt und auch ausgeführt werden, wenn sie karmisch gerechtfertigt sind.

Wir möchten nun etwas näher auf das eingehen, was geschieht, wenn Verwünschungen gegen unschuldige Menschen gerichtet werden. Was geschieht eigentlich in solchen Fällen? Ein Fluch — gewöhnlich mit Vehemenz ausgestoßen und daher von größerer Durchschlagskraft als ein flüchtiger böswilliger Gedanke — entgeht denen nicht, die mit der Aufrechterhaltung der Gerechtigkeit beauftragt sind. Eine Verwünschung, die wir als einen unheilvollen Klumpen schierer Bosheit wahrnehmen, wird von Anti-Pi getragen, das dank seines Auftrages sichtbar wird, wie etwa die Form eines durchsichtigen Gefäßes, das eine schwarze Flüssigkeit enthält. Obwohl ein guter Mensch von seiner Aura wie von einem Schild geschützt wird, ist es doch wichtig, ein herannahendes Unheil durch zusätzliche Vorsicht und persönliche Wachsamkeit abzuwenden und den Fluch zu seinem Urheber zurückkehren zu lassen. Das stimmt zwar mit den Gesetzen der erweiterten Physik überein; der Bumerang-Effekt wird dennoch in gleicher Weise von besorgten Helfern überwacht wie die Ablenkung unverdienter Verwünschungen. Was nun den Fluch anbetrifft, der weder zurückgenommen noch gelöscht werden kann, so erwartet ihn bei seinem Urheber die Stunde der Auswirkung. Und diese wird schlagen, wenn des Übeltäters eigene Uhr, sein Horoskop, das Zeichen gibt. Andererseits verfehlen aber gute Wünsche, die einem Menschen zugedacht sind, der ihrer nicht würdig ist, ebenfalls weitgehend ihre

Wirkung; sie können die Aura nicht durchdringen und verlieren sich allmählich. Sind sie aber jemandem zugedacht, der sie verdient, kommen sie unfehlbar dem Empfänger wie dem Urheber selbst zugute. Denn das, was dieser für einen Mitmenschen erhofft, zieht im Gange des Herbeiwünschens und Weiterlenkens göttliche Emanationen auf den selbstlosen Fürbitter herab, die Manna für seine Seele sind.

Wir sprachen schon von dem Netz lebenspendender und lebensordnender Energien im Universum. Wie jeder weiß, der Astrologie studiert, stellen diese Energien fundamentale Kräfte dar: die Sonne als Zentrum lebenssteigernder Energie, der Mond als Arsenal verschiedener Empfindungen, Merkur als Prinzip geistiger und leiblicher Verarbeitung eines Stoffes, Venus als Harmonie, Mars als Aggression, Jupiter als Prinzip der Ausdehnung, Saturn als Prinzip der Einschränkung, Neptun als — positiv und negativ gesehene — Flucht aus der Wirklichkeit, Uranus als das Unvorhergesehene, als plötzliche Inspiration und plötzlicher Wechsel, während der von euch als letzter Planet entdeckte und am wenigsten verstandene Pluto kosmische Vorgänge in ihrem Bezug auf den Menschen widerspiegelt. Diese Charakteristika der Planeten werden durch die sogenannten Tierkreiszeichen abgewandelt, die mit bestimmten Eigenschaften ausgestattete Felder oder Regionen darstellen und nicht wie Planeten begrenzte Massen von Materie. Was nun die Planeten betrifft, die ihr noch nicht oder nicht mehr kennt, habt ihr die spezifische Rolle, die jeder dieser Planeten im Orchester des Universums spielt, überhaupt noch nicht bemerkt, was wieder einmal deutlich zeigt, wie wenig aufmerksam ihr seid, wenn es um Phänomene geht, die man noch nicht als Fakten verkündet hat. Ihr seid auf eine bestimmte Weise farbenblind; d. h. wenn ihr für eine bestimmte Farbe keinen Namen wißt, seht ihr sie erst gar nicht, auch wenn sie so offenbar ist wie die Farben, die ihr kennt und auf die euer Gehirn bereits geeicht ist. Um dieser Unzulänglichkeit abzuhelfen, sehen wir uns gezwungen, euch von Zeit zu Zeit etwas einzutrichtern und euch neue Denkweisen aufzupfropfen, zumindest den fortgeschritteneren Denkern unter euch, die sich nicht gegen völlig neue Begriffe sperren. Und auf diese Weise wird eine eingetrichterte Idee schon Wurzel fassen und geistiges Allgemeingut des Menschengeschlechts werden. Doch mögen noch Jahrzehnte hingehen, ehe ihr euch gewisser — jetzt noch ignorierter — Eigenschaften bewußt werdet, die mit bestimmten Planeten verbunden sind — ehe ihr euch ernstlich um eine Klärung der Lage bemüht. Der Prozeß, den wir auszulösen hoffen, ist schwierig, weil es schon so lange her ist, seit ihr zum letzten Mal den Mut hattet, radikal neue Begriffe aufzunehmen, die gültig genug waren, der prüfenden Kritik mehrerer Generationen standzuhalten.

Kläglich ist die Rolle, die Anti-Pi spielt, vergleicht man sie mit jener das Universum durchdringenden Kraft Pi. Die Wirksamkeit von Anti-Pi beschränkt sich auf Planeten, auf denen diese Gegenkraft „erzeugt" wird, und zwar in örtlich begrenzten und kleinen Mengen; „klein" und „örtlich begrenzt" freilich sub specie aeternitatis — und doch gibt es für die Menschheit keine tiefere Tragik. Wir finden die gleiche Situation auf anderen bewohnten Planeten, deren geistig-religiöses Niveau sowohl unter wie auch über dem der Erde liegen mag. Diese Planeten produzieren ihre eigene Version von Anti-Pi, — das sich ebenso wie andere Gegebenheiten genügend von jenen der Erde unterscheidet, um eine „Kolonisierung" oder Geisterwanderung von einem Planeten zu einem anderen auszuschließen. (Auf einem anderen Planeten neu inkarniert zu werden, ist freilich etwas ganz anderes.) Und so kann ein böser Geist, der jetzt auf dem Planet Erde haust, sich nach dessen Auflösung keine neuen Jagdgründe suchen. Diskrepanzen in den Schwingungsverhältnissen der Planeten verhindern eine solche Abwanderung und somit auch einen sonst immerwährenden Aufschub der endgültigen Abrechnung, die dem schlimmsten Feind der Menschheit bevorsteht — ihren verlorenen Seelen.

XIII

ALTE UND JUNGE SEELEN
GEDANKEN ZU DEN LEHREN JESU UND BUDDHAS

Von bewohnten Planeten zu sprechen ist für uns ein gewisses Wagnis. Da aber die Kinder der heutigen Generation diese Behauptung bestätigen werden, und da außerdem Tatsachen für sich selbst sprechen, setzen wir unsere Ausführungen fort. Im allgemeinen steigt eine Seele, nachdem sie auf einem bestimmten Planeten nichts mehr zu lernen hat, zum nächsthöheren auf. Der große Unterschied, der in der geistig-religiösen Entfaltung von Seelen besteht, gründet sich auf die Tatsache, daß nicht alle Seelen ihren jeweiligen Kreislauf auf einem bestimmten Planeten zur gleichen Zeit beginnen. Je mehr sich ein Planet entwickelt und je größer die Zahl seiner Bewohner, desto mehr Seelen werden aus einem unermeßlich reichen Vorrat schlafender Geister berufen, einem Vorrat an tief schlummernden Seelen, die einem längst untergegangenen Planeten angehörten. Der Untergang eines Planeten ist aber nicht zu verwechseln mit dem bereits erwähnten großen nirwana-artigen Ausgelöschtsein, welches am Ende von unvorstellbar langen Weltzeitaltern das ganze Universum auflöst.

Wenn sich euer Planet, die Erde, nach Milliarden von Jahren auflöst, wird eine beträchtliche Anzahl seiner Bewohner nicht den Grad von Erleuchtung erlangt haben, der einen Aufstieg zum nächsthöheren Planeten zuläßt. Diese Seelen müssen ausharren, bis ein anderer Planet entsteht, dessen geistig-religiöse Atmosphäre jener eurer Erde gleicht. Hingegen kehren große Seelen, die der Erde bereits entwachsen sind, zuweilen zu ihr zurück, um ihren Bewohnern etwas von der Weisheit mitzuteilen, die sie während eines Lebens auf einem anderen Planeten erwarben. Wie aber steht es um Geister, die der nötigen Erleuchtung entraten, weil sie diese ablehnten — wie steht es also um Dämonen? Da eine zerfallende Welt keinerlei Lebensform mehr begünstigt und diesen Übeltätern somit ihre potentiellen Opfer entzogen sind (und, nebenbei bemerkt, Sinnesänderungen in elfter Stunde so gut wie nie stattfinden), richten sich der ganze von diesen Dämonen entfesselte Haß und alle Zerstörungswut auf der Suche nach einem Ziel gegen ihren Ursprung, also gegen sich selbst, die Ausüber jener mächtigen und finsteren Kunst. So intensiv verbrennt und verzehrt sich alles, was nicht zur Substanz der Seele gehört, daß am Ende nichts bleibt als der allerinnerste Kern dieser Wesenheiten, die dann, zu baren Seelenmonaden reduziert, den Gesetzen eines ewig sich selbst regulierenden Universums gehorchen. Und so harren — gemeinsam mit jenen Unschuldigen, die es einfach nicht geschafft haben — diese rein gebrannten und geläuterten Seelen, die aber deshalb noch keineswegs erleuchtet zu sein brauchen, jener fernen Stunde entgegen, in der eine von innen und außen wirkende Kraft sie wiederum in eine manifeste Existenz mit all ihren Möglichkeiten zurückruft. So wird es niemals an Seelen mangeln, auch nicht zu Zeiten einer Übervölkerung wie ihr sie jetzt kennt. Wir bezeichnen solche Seelen, die sich dem Hauptstrom der Menschheit zu einer späteren Zeit anschließen, als neue oder junge Seelen, um sie von älteren und weiseren Seelen zu unterscheiden. Dabei bemerkt ihr fast nie den gewaltigen Unterschied an Alter und Entfaltung zwischen einzelnen Seelen, weil dieser Abstand und diese innere Verschiedenheit durch eine äußerliche Ähnlichkeit verwischt wird und man dazu neigt, Intelligenz mit Weisheit zu verwechseln.

Obwohl die meisten Geister zum nächsthöheren Planeten aufsteigen, nachdem sie ihrer gegenwärtigen Heimat entwachsen sind, bleiben die Wesenheiten, denen die Überwachung dieser Planeten obliegt, im allgemeinen aus freiem Willen dort, auch wenn sie selbst einer sehr hohen Seinsstufe angehören. Sie tun das, weil die Leitung einer Welt, wie es eure (und unsre) ist, eine Verantwortlichkeit voraussetzt, wie sie nur gottähnlichen Wesen innewohnt, Wesenheiten, die im Gegensatz zu gewöhnlichen Sterblichen einer weiteren Folge von materiellen Existenzen enthoben sind. Und doch inkarnieren sich auch jene Wesen von Zeit zu Zeit wieder, weil es selbst erhabene Seelen nach Läuterung verlangt und weil sie nach einem jahrhundertelangen jenseitigen Dasein die Sehnsucht treiben mag, noch einmal das intensiv Menschliche am Menschsein zu erfahren. Eine reinliche Scheidung zwischen gottähnlichen und gewöhnlichen Wesen und ein Auseinanderhalten ihrer Pfade läßt sich nicht immer wahren, weil jene erlauchten Seelen von hilfreichen Wesenheiten umgeben sind, deren Hingabe an Meister und Aufgabe so innig ist, daß sie sich den Aufstieg zu einem anderen Planeten versagen, so lockend ein solcher Wechsel auch schiene.

Die mit der Obhut von Planeten betrauten großen Geister — unter denen, die ihr kennt, sind Jesus und Buddha — stehen mit gleichartigen Wesenheiten auf anderen Planeten in Verbindung. Buddha hat bereits mehr als eine Inkarnation auf dem nächsthöheren Planeten verbracht, um sich in „irdischer Weisheit" zu vervollkommnen, also um die Führung inkarnierter höherer Wesenheiten zu erlernen. Die Anforderungen des Lebens in einem Körper sind grundsätzlich andere als die eines Lebens im Geist. Die physische Existenz ist von einer ihr eigenen Problematik, welche sich von Planet zu Planet und von Epoche zu Epoche ändert. Wohl ist die Welt des Geistes und der Geister in Bewegung wie alles Lebendige — trotzdem bewahrt sie ihren Grundcharakter. Planeten hingegen sind starken Veränderungen ausgesetzt, weil sie — verglichen mit einem verhältnismäßig statischen Universum — gleichsam eine eigene Zeit haben. Jeder Materialität eignet ein beschleunigter Zeitablauf; jedenfalls muß das Außenstehenden so vorkommen. Diese Seelen schauen auf alle die kleinen Weltkugeln mit ihrem geschäftigen Getümmel herab wie auf eine Verkehrsinsel voller Fußgänger, die sich vom Verkehr umspülen lassen, nur daß es eigentlich umgekehrt ist: der Kosmos ist eine enorme Verkehrsinsel und die Planeten sind winzige Klümpchen, auf denen es von noch winzigerer Geschäftigkeit nur so wimmelt.

Während gewisser Entwicklungsstadien weisen Planeten gemeinsame Züge auf, doch sind sie untereinander verschieden genug, um jeweils ihre Eigentümlichkeit zu wahren und deshalb ein eingehendes Studium dieser materiellen Urformen zu verlangen. Im großen Jenseits hingegen sind Veränderungen sehr subtil, ein schwaches Echo des Lärms der kleinen Wichtigmacher da unten.

Während seiner Inkarnation auf einem anderen Planeten war Buddha ein ebenso bedeutender Lehrer wie hier auf Erden, nur erreichte dort seine Botschaft wahrhaft Hörende und wurde deshalb nicht entstellt wie hier. Diese Eröffnung könnte manchen von euch schmerzlich sein; glücklicherweise (oder unglücklicherweise) aber werden die von den vermeintlichen Worten des großen Meisters Erfüllten unsere Ausführungen ohnehin nicht beachten. Immerhin ist noch viel Schönes aus Jesu und aus Buddhas Lehren in dem wenigen enthalten, was ihr noch an echter Überlieferung besitzt, und manche Unstimmigkeit ließe sich mit einem wachen und offenen Verständnis aus der Welt schaffen. Wir möchten hier von einer detaillierten Bewertung jeder einzelnen der angeblichen Lehren des Erleuchteten absehen, da wir — wie im Falle unserer recht summarischen Ablehnung der Theorien Freuds und Jungs — den ernsthaften Adepten der Metaphysik in unserem Diktat das vermitteln möchten, was wir als Wahrheit erkannt haben. Deshalb wollen wir uns und dem Leser auch die zusätzliche Mühe ersparen, jeden einzelnen Glaubenssatz kritisch unter die Lupe zu nehmen. Ein Beispiel muß genügen: Wenn wir über das Fortleben der individuellen Seele nach dem Tode sprechen, sind wir uns durchaus bewußt, daß dies zwar der für gültig erachteten Botschaft eines der größten Meister, die je gelebt haben, widerspricht, nicht aber dem, was dieser wirklich gelehrt hat. Weder Jesus noch Buddha hinterließen eigene Schriften. Allein die Tatsache, daß die von ihren Jüngern formulierten Lehren vor Alter ehrwürdig und von der Aura aller ihr seit Jahrhunderten zutiefst ergebenen Gefolgschaft wie auch von der Schönheit orientalischen Zeremoniells umstrahlt sind, macht eine kritische Haltung unsererseits fast unmöglich. Wir können nur noch einmal wiederholen, was wir bereits ausgesprochen haben: das vorliegende Diktat ist eine Gemeinschaftsarbeit hochstehender Geister, die allen euch bekannten und einigen schon vergessenen Religionen angehörten (falsche Bescheidenheit steht uns nicht an, wo es um die genaue Angabe unserer geistigen Stufe geht). Wir äußern uns hier gemeinsam und möchten dies nicht als eine Schmähung der verehrungswürdigsten Lehrer der Menschheit verstanden wissen, sondern als einen sehr demütigen und ernsthaften Versuch, die Dinge ins rechte Licht zu rücken. Es geht uns nicht darum, Lehrern zu widersprechen, die wir — mit viel ungetrübterem Blick als ihr — ehren und denen wir dienen, sondern darum, den Wust an geringfügigen, aber eingefleischten und somit gewichtigen Mißverständnissen und Fehldeutungen wegzuräumen und hierdurch die ursprüngliche Reinheit dieser Lehren wieder neu erstehen zu lassen. Mit anderen Worten: wir hadern nicht mit wahren und echten Lehren, die im Lauf der Zeiten verloren gingen; wir verurteilen aber falsche Offenbarungen. Wir versuchen nicht etwa, diesem nahezu weltweiten Mißstand in der herrlichen Sprache östlicher Schriften oder der Bibel zu steuern, wir vermitteln lediglich Tatsachenberichte; wir stützen, was bleiben soll, wir reißen es nicht ein. Wir wollen es einem Raffael nicht gleichtun — wir sind lediglich Photographen, die euch Informationen liefern, damit ihr, wenn ihr wißbegierig und kritisch seid, auch weiterhin euren Idealen nacheifern könnt, nachdem ihr das Unstimmige korrigiert habt, das ihr Bild entstellte und eure Hingabe gefährdete. Und so mögen euch große Seelen weiterhin inspirieren, deren Vermächtnis nicht so sehr ein Opfer der Zeit wurde als ein Opfer der mittelmäßigen Vertreter, die sich seiner annahmen.

Im Vorhergehenden haben wir Tatsachen aufgereiht, die ihr akzeptiert oder nicht, was von dem Alter eurer Seele abhängt, obwohl nicht notwendig von eurem wirklichen geistig-religiösen Niveau, da ihr in eurer jetzigen Inkarnation durch den Genuß von Rauschgift oder ähnlichen Mitteln rückfällig geworden sein mögt, sondern von eurem wirklichen Seelenzustand, der Summe alles angesammelten, wenn auch verborgenen Wissens. Solch verborgenes Wissen vermag sich, wenn es wiedererweckt wird, über Einwände hinwegzusetzen, die auf eingefahrenem Denken oder starrer Dogmatik beruhen. Mit diesem Leitfaden dürfte es ein Leichtes sein, euer religiöses Denken so zu revidieren, daß es euren tiefsten Wünschen entgegenkommt, ohne eurem logischen Denken Gewalt anzutun und ohne euch zu blindem Glauben zu zwingen. Letzteres sollte allen Menschen erspart bleiben: euer Credo sollte sinnvoll sein und dem nicht widersprechen, was aus der Tiefe eures Seins aufsteigt. Solltet ihr euch aber tatsächlich in den Grenzen eures kirchlichen Glaubens wohlfühlen, so könnt ihr ruhig unserer Mitteilungen entraten. Wir wenden uns wesentlich an Menschen, die sich nach etwas sehnen, das ihrem religiösen Verlangen und ihrem kritischen Verstand in gleicher Weise entgegenkommt. Wer von einer solchen Sehnsucht erfüllt ist, der soll auch weiter die großen Seelen, die er bisher bewunderte, lieben und ihnen folgen; er soll aber auch alles das abwerfen, was ihm unannehmbar geworden ist. Was wir über Religion sagten, gilt ebenso für Kosmologie, Astrologie, Psychologie, usw. Deshalb scheint es uns auch müßig, die Gedankenwelten Freuds, Jungs und anderer ernsthafter Denker zu zerpflücken, deren noch so tiefes Denken doch nicht imstande ist, den tragischen Mangel an absolut wesentlichen Informationen auszugleichen.

Wir haben jetzt unseren Standpunkt klargemacht und kümmern uns nun nicht weiter um kritische Einwände. Wer unseren Prämissen nicht folgen kann, wird dieses Buch ohnehin bereits weggelegt oder sich entschieden haben, daß es mit seinen Überzeugungen nicht in Einklang zu bringen ist. Andere hingegen werden es entweder akzeptieren oder es weiterer Untersuchung würdig finden. Mancher mag es aus innerer Bereitschaft ohne weiteres gutheißen, manch anderer sich seinen Inhalt zu eingehenderem Studium vorbehalten. Ihm möchten wir sagen, daß seine Mühe Frucht tragen wird, wenn auch nicht notwendig heute oder morgen. In der Tat kann der Mühe Lohn gar nicht ausbleiben, was uns zu unserem etwas verfrühten Versuch bestimmte, uns Gehör zu verschaffen. Wir werfen jetzt nur den Samen aus von dem, was vorbestimmt und Teil eines allumfassenden Planes ist. Wir werfen ihn aus trotz aller anfänglichen Schwierigkeiten, mit der Vorläufer jedweder Reformation zu rechnen haben, und warum sollte das Ausgraben lang verschollener Wahrheiten hiervon ausgenommen sein? Wir behaupten ja auch gar nicht, unsere Ideen seien vollkommen neu (obschon eine Anzahl von ihnen bisher nicht ausgesprochen wurden, ja gar nicht hätten ausgesprochen werden können); unsere Arbeit erinnert am ehesten an die eines Archäologen. Es dürfte deshalb niemanden überraschen, wenn er uns Folgendes sagen hört: die Botschaft dieses Buches wird eines Tages von der breiten Masse nicht nur geglaubt, sondern so weitgehend assimiliert werden, daß es ihr kaum faßbar sein wird, wie man jemals eine so unzulängliche, ja bizarre Weltanschauung wie die gegenwärtige hat akzeptieren können.

Künftige Generationen werden das gegenwärtige Zeitalter nicht nur als unglaublich falsch unterrichtet betrachten, sondern auch als eines der verwerflichsten in der Geschichte der Menschheit. Nie hat es eine Epoche — Kriegszeiten ausgenommen — gegeben, in der man nicht ein paar Straßen weit gehen konnte, ohne zu riskieren, überfallen oder beraubt zu werden, in der Luftpiraterie an der Tagesordnung war, in der man sich in die schön angelegten Parks nicht wagen konnte, weil hinter jeder Bank und jedem Busch Gefahr drohte, in der Durchstecherei und blanke Korruption in Politik und Wirtschaft dominierten und sich in den Kirchen die geistig Trägen oder die einfältigen Eiferer breitmachten.

Es ist uns vorbehalten, euch den Beginn des Endes dieser Periode anzukündigen, in der die amerikanischen Schwarzen, deren Befreiung längst überfällig war, mit einer Gewalttätigkeit reagierten, die in keiner Beziehung zu dem Anlaß zu stehen schien, der ursprünglich sehr wohl zu bewaffneter Gegenwehr berechtigt hatte. Aber so war es mit allen Revolutionen, und so wird es immer bleiben: es wird immer Menschen geben, denen jeder Anlaß willkommen ist zu zerstören. So wird oft eine gute Sache durch Handlungen kompromittiert, von denen die Nachsichtigen sagen, sie gehörten eben zur menschlichen Natur, was ja auch tatsächlich der Fall ist.

Sonne, Mond und Planeten, also das Sonnensystem, soweit es gegenwärtig der Menschheit bekannt ist, ist das einzige, von dem ihr wenigstens hypothetische Kenntnisse besitzt, aber selbst da seid ihr auf das rein Physikalische beschränkt. Die heutige Astrologie enthält nur noch einen Teil des einstigen Wissens, das die Bewohner von Atlantis hatten. Seit damals aber steht sie im Zeichen des Verfalls, obwohl man sie auch heute noch anwendet, wo immer man sich ihrer, bei aller Einschränkung wertvollen, Einsichten bewußt ist. Die sogenannte Wissenschaft lehnt sie in den meisten Ländern westlich des Eisernen Vorhangs ab. Weiter östlich — darauf wiesen wir bereits hin — wird zwar ihre Nützlichkeit anerkannt, doch trägt sie trotz aller praktischen Verwendbarkeit nicht zu einem erleuchteteren Gesamtbild bei, weil alle Wissenschaft in diesen Ländern einer mehr oder minder einseitigen Weltanschauung unterworfen ist.

Obwohl wir imstande wären, euch über andere Planeten des Sonnensystems zu informieren, ist es uns lieber, ihr macht eure eigenen Entdeckungen. Was immer wir zu diesem Thema äussern, soll euch nur einen ungefähren Überblick über das Universum in seinen verschiedensten Aspekten vermitteln. Wenn wir von bewohnten Planeten sprechen, sind wir nicht etwa auf eine Sensation aus, sondern wollen damit lediglich unseren Überblick abrunden. Es geht uns ja nicht um aufsehenerregende Eröffnungen; wir wenden uns schließlich an Menschen, denen es mit ihrem Studium ernst ist und nicht an sensationshungrige Dilettanten, die Mitteilungen erwarten, bei denen es sie überläuft. An solchen Mitteilungen ist ja kein Mangel. Ahnungslose Medien notieren getreulich auf, was ihnen eitle und unfähige Geister einblasen, um sich selbst zu schmeicheln und um der unterbewußten Ruhm- und Gewinnsucht manch eines Mediums entgegenzukommen. Da aber solche von fortgeschritteneren Seelen entschieden abgelehnte Berichte mitunter doch ein Restchen Wahrheit enthalten, ist zu hoffen, daß der beharrlich Suchende schließlich das finden wird, was nach Inhalt und Darstellung nicht offensichtlich den Stempel der Unzulänglichkeit trägt.

XIV

GERECHTIGKEIT UND RECHTSPRECHUNG

Wir wollen dieses Kapitel der Rechtsprechung widmen, also der Frage: wie wird angemessen Recht gesprochen? Eurer Rechtsprechung fehlt es leider weitgehend an grundsätzlichen Erkenntnissen, und sie ist daher fast eine Parodie wahrer Gerechtigkeit. Erst einmal werdet ihr eure Vorstellung vom Menschen dem anpassen müssen, was zwar noch Astrologie heißen, aber nur noch eine begrenzte Anzahl ihrer gegenwärtigen Prämissen beibehalten wird. Diese neue, vielmehr diese erneuerte Astrologie wird alles das lehren, was euch eure Psychologie schuldig geblieben ist, nämlich unbestreitbare Tatsachen, durch wissenschaftliche Methoden bestätigt, die auf groß-angelegten Untersuchungen und einer gegenwärtig noch fehlenden Objektivität beruhen. Dieser Mangel an Objektivität herrscht in kommunistischen Ländern, wo politischer Druck absolute Linientreue erzwingt, und in nicht-kommunistischen, wo ein Druck anderer Art von den Wissenschaftlern ausgeübt wird, die sich hochgradig eklektisch, um nicht zu sagen voreingenommen, verhalten und ihrer eigenen Sorte von Philosophie den Vorzug geben, indem sie entweder wichtige Forschungsgebiete außer acht lassen oder aber Untersuchungsmethoden anwenden, die als Kriterien für die zur Debatte stehenden Phänomene ungeeignet sind. Niemand verfiele wohl auf die Idee, Musik ausschließlich nach wissenschaftlichen Gesichtspunkten zu beurteilen; bei psychischen Phänomenen besteht ihr aber darauf! Sir William Crookes hingegen hatte bereits um die Jahrhundertwende die richtige Einstellung: er bediente sich aller ihm damals zur Verfügung stehenden Messungsmethoden und wandte sie immer an der richtigen Stelle an. Und das war nicht alles: er überschritt die Grenzen der reinen Wissenschaft und wagte sich an metaphysische Beobachtungen und Spekulationen, die sich auf Phänomene stützten, die zwar wissenschaftlich nicht determinierbar, wohl aber logisch und überzeugend waren. In der Metaphysik haben elektronische, photographische und andere Meßvorrichtungen eine ebenso begrenzte Funktion wie bei der Erklärung von Musik, deren wahres Verständnis keineswegs dank verschiedenster Messungen vertieft wird, da schließlich nur Musikalität verbunden mit einer angemessenen Ausbildung notwendig ist. In der Metaphysik wäre ein sechster Sinn das Entsprechende. Eure Wissenschaftler — auch die sich selbst so nennenden „Parapsychologen" — müssen sich noch darüber klar werden, daß es nicht ihr Metier ist, in eine solche t e r r a i n c o g n i t a einzudringen, die mit purer Wissenschaft ebenso viel zu tun hat wie die Kunst des Heiku oder die Musik Joh. Seb. Bachs, sondern daß es vielmehr ihre Aufgabe ist, aufzuzeichnen und auszuarbeiten, was die „Musikalischen" entdeckt haben.

Doch zurück zur Gerechtigkeit: zuerst ist also mit Hilfe einer verbesserten Astrologie euer Wissen vom Menschen zu erweitern und als nächster Schritt wären der Code Napoléon und seine verschiedenen gebräuchlichen Varianten zu verbessern. Ein völlig neues Gesetzbuch wird abzufassen sein, das der Berücksichtigung der individuellen Eigenarten des Menschen, z. B. auch seiner jeweiligen Beweggründe Rechnung trägt und somit die Irrtümer der heutigen Rechtsprechung vermeidet. Jeder ist nicht nur nach seiner Tat, sondern auch nach seinem Naturell zu beurteilen. Ein Mord, zum Beispiel, kann aus den verschiedensten Motiven begangen werden, aus Haß, Leidenschaft, Habgier, sexueller Anomalie. u. s. w. Wer jede Form von Totschlag mit dem gleichen Etikett versieht, ignoriert natürlich dieses Spektrum von Motiven. Das Urteil müßte dementsprechend alle Grade von größter Milde bis zu äußerster Strenge (lebenslängliche Haft) durchlaufen.

Die Todesstrafe ist nicht nur ein Verbrechen am Täter (denn ein zweites Verbrechen macht das erste ja nicht wett!), sie ist auch ein Vergehen am Schöpfer — ob man ihn als Person oder als göttliche Kraft sieht — und zu allem andern ist sie eine höchst unbesonnene Strafmaßnahme. Die Gesellschaft kann man vor antisozialen Elementen schützen, indem man diese einsperrt. Wenn man einen Mörder aber tötet, schiebt man ihn lediglich in die nächste Welt ab, wo dieser reuelose Sünder sein ruchloses Werk fortsetzt, indem er Menschen mit verbrecherischen Anlagen dazu bringt, es ihm gleichzutun. Verbringt man aber einen solchen Menschen in Gewahrsam, besteht wenigstens noch eine Möglichkeit, daß er sich während einer langjährigen Absonderung von der Außenwelt und unter dem Einfluß eines wohlwollenden Beraters bessert. Einen Verbrecher, den man seines irdischen Lebens und damit auch der Chance einer wirklichen Sinnesänderung beraubt hat, wird ein derartiges Ressentiment gegen eine hartherzige und jeglicher metaphysischen Einsicht widersprechende Rechtsprechung packen, daß danach eine innere Wandlung viel unwahrscheinlicher ist, als wenn man ihn seine Tat in Ruhe hätte überdenken lassen. Die Todesstrafe ist ein Zeichen der Unwissenheit und Rachsucht; ihr Abschreckungswert ist gleich Null, wie die Verbrechensstatistiken jener Länder beweisen, in denen noch hingerichtet wird. Die Todesstrafe ist geradezu eine Gewähr für die Fortdauer verbrecherischer Neigungen, da diese durch die Vernichtung des Körpers nicht aus der Welt geschafft werden, sondern sich dadurch eher steigern. Für einen Menschen, der — von einem aufgeklärten Standpunkt aus oft ungerecht — hingerichtet worden ist, dauert es eine ganze Weile, bis er sich von einem Unrecht erholt, das gelegentlich sogar sein eigenes noch übertrifft. Wer im Affekt tötet, ist oftmals gar nicht durch und durch böse. Darum werden zum Beispiel in Frankreich, der Heimat des c r i m e p a s s i o n e l, solche aus Leidenschaft begangenen Verbrechen fast nicht bestraft. Einerseits richtet man unglückliche Menschen zugrunde, die in einem Wutanfall handelten, andererseits aber sind die Sitten und Gesetze viel zu nachsichtig, wo es um wirkliche Verbrechen geht. Wahrhaft gemeingefährliche Menschen — es sind nicht notwendig immer Mörder — kommen mit ein paar Monaten Haft davon und können sich dann gleich wieder ihrem schändlichen und zuweilen geradezu teuflischen Treiben widmen. Eine Mutter, die ihr Kind mißhandelt, begeht ein viel abscheulicheres Verbrechen als ein Mörder, der aus Verzweiflung tötet. Wir schätzen durchaus die Bemühungen, die man heutzutage an verhaltensgestörte Eltern wendet, von denen viele nicht wirklich sadistisch sind, sondern jähzornige und mitleidlose Rohlinge, möchten aber nicht verfehlen, euch bei dieser Gelegenheit zu warnen, nicht allzu optimistisch zu sein, was wirkliche Sadisten anbetrifft, weil solche Menschen an ihrer Perversion hängen und sich deshalb gewiß nicht behandeln lassen. Selten wird einer von ihnen seine pathologischen Neigungen los, und ehe man einem solchen potentiellen Peiniger sein Kind zurückgibt, ist äußerste Vorsicht geboten. Denn wer auf die Befriedigung einer tiefsitzenden dämonischen Lust aus ist, der er manchmal sogar unbewußt frönt, der findet viele und subtile Mittel und Wege zu ihrer Erfüllung. Ein Kind wäre besser in einer Anstalt untergebracht (besonders einer solchen, wie wir sie in Zukunft haben werden) als bei Eltern, deren Herrschsucht bis an den Rand des Sadismus geht. Die Kinderfürsorge der Zukunft wird sich sehr ändern müssen, wenn sie weltweit bestehenden Zuständen gerecht zu werden gedenkt. Die Sozialpfleger der Zukunft werden aber auch dank ihrer astrologischen Kenntnisse ganz anders gerüstet sein, und es wird ihnen leicht fallen, jene ausfindig zu machen, die von der Hölle für die Hölle gekennzeichnet sind.

Steht man auf einem etwas aufgeklärteren Standpunkt, so wird einem klar: die wahren Antisozialen und Feinde der Gesellschaft sind der berufliche Dieb, der geriebene Betrüger, der Rauschgifthändler, also solche, die vom Schaden und der Schädigung anderer Menschen leben und nicht einer, der einmal aus Verzweiflung stiehlt oder die Hausfrau, der vor lauter Schulden nichts Gescheiteres einfällt als einen Scheck zu fälschen. In Zukunft werden die Statistiken einen merklichen Rückgang der Kriminalität zu verzeichnen haben, weil besser unterrichtete Pädagogen, Rechtsbeamte und Polizisten sich mit einer sehr viel geringeren Anzahl von Verbrechen befassen werden müssen; besonders Delikte, die mit den Mängeln des Gemeinwesens verbunden sind, werden abnehmen. Als Beispiel diene der Fall eines Soldaten, der, von Natur aus schwach, während eines Krieges, an dessen Rechtmäßigkeit nur wenige glauben, den Verlockungen eines Rauschgifts erlegen ist und nun, weil er süchtig ist, gewalttätig wurde. Seine Sucht ist nicht nur auf seine Charakterschwäche, sondern auch auf Umstände zurückzuführen, über die er nicht Herr war: unter einigermaßen normalen Verhältnissen wäre dieser Mensch zwar immer noch ein leicht verführbarer Schwächling gewesen, aber die Gelegenheit hätte schließlich gefehlt, die einen halbwegs anständigen Staatsbürger zum Feind der Gesellschaft degradierte.

Gerechtigkeit und Rechtsprechung — wie ihr diese Begriffe versteht — haben heute noch mehr mit Strafe als mit Reformen zu tun. In Zukunft wird es zwei Arten von Institutionen geben: solche, in denen Unverbesserliche in Gewahrsam gehalten werden — leider wird es sie in eurer Welt immer geben — und solche, wo man Schuldige umerzieht. Auch die Menschen, denen die Verantwortung für jene obliegt, die trotz einer religiösen Erziehung straffällig wurden, werden gänzlich andere sein. Unter „Religion" wird man etwas ganz anderes verstehen und dieser Begriff wird keinem mehr zu schaffen machen, den jetzt dieses Geweb von Halbwahrheiten abstößt. Das Wort Religion wird sich nicht mehr auf Scheinheiligkeit, Jargon, Mediokrität reimen oder — was das schlimmste ist — auf Fanatismus.

Gebildete wie einfache Gemüter werden die Religion der Zukunft respektieren, denn sie wird sich an geschulte Welterfahrenheit wie an ungeschulte Einfalt wenden. Sie wird wieder wie früher im menschlichen Leben eine zentrale, ja die zentrale Rolle spielen. Freilich wird es auch dann noch Gottesleugner geben und Willensschwache, die sich wider besseres Wissen vom rechten Wege abbringen lassen. Solche Menschen müssen mit einer Güte behandelt werden, die sich aus Mitgefühl, Toleranz und echter Hilfsbereitschaft speist. Die Insassen — wir sprechen immer noch von Anstalten für solche, die schuldig aber erziehbar sind — werden also mit einem geradezu unwiderstehlichen Wohlwollen behandelt, auf das sie positiv reagieren.

Mit den Unverbesserlichen hingegen muß man zwar auch human, aber dank ihrer bedauerlichen Situation mit einiger Strenge verfahren. Ihr Gewahrsam sollte sich an einem abgelegenen Ort befinden, um andere Menschen nicht zu gefährden; den Insassen sollte aber, so sie es wünschen, gestattet sein, ein produktives Leben zu führen, was, solange jedwede Fortpflanzung verhütet wird, auch ihr Sexualleben einbegreifen müßte. Eheschließungen sollte man begünstigen, keineswegs aber fordern. Die Homosexualität ist zu dulden, da sie kein Laster, sondern in den meisten Fällen eine Instinktvariante ist, für die man niemanden verantwortlich machen kann, wenn diese „Perversion" (eine Perversion freilich eher der Natur als des Individuums) auch wie so viele andere Umstände, die das Leben komplizieren, das Resultat früherer Verschuldungen ist. Zweifellos wird das Leben durch homosexuelle Neigungen kompliziert, weil die sogenannten normalen (heterosexuellen) Triebe Lebensgemeinschaften von größerer emotioneller und gesellschaftlicher Stabilität begünstigen und weil das Aufziehen von Kindern doch bei allen Schwierigkeiten eine zutiefst erfüllende Bereicherung ist. Das Vorhandensein von Kindern pflegt das Band zwischen sonst oft monomanen und selbstsüchtigen Partnern zu stärken und sie nicht nur in die Außenwelt einzubeziehen, sondern auch in eine Welt, die bereits an der Zukunft orientiert ist, die ohne diese Verflochtenheit mit der Gegenwart völlig abstrakt und theoretisch bliebe.

Da wir von Homosexualität sprachen, möchten wir hervorheben, daß sie nicht so sehr eine Anomalie der Natur ist, sondern eher einen bevorstehenden Geschlechtswechsel in der nächsten Inkarnation anzeigt. Diese Änderung vollzieht sich nicht immer abrupt; eine noch schwankende Seele unternimmt zuweilen nur zögernde Schritte und schiebt eine Zwischenlösung vor ihrer bevorstehenden Wandlung ein. (Wir sprechen hier selbstverständlich von der echten Homosexualität und nicht von einer vagen Triebvariante, die auf eine ganze Anzahl von Ursachen zurückgeführt werden kann.) Der männliche Partner innerhalb einer homosexuellen Gemeinschaft stellt gleichsam die Lösung des Problems für den Mann dar, der im Begriff ist, eine Frau zu werden und deshalb einen Mann braucht, der ihn so liebt, als sei er bereits eine Frau. Ebenso mag es eine Frau eher zu einer etwas männlichen Frau hinziehen als zu einem typischen Mann und einen Mann wiederum eher zu femininen Männern oder zu noch mädchenhaften Knaben.

Warum die Natur so viel Rücksicht auf den Menschen nehmen sollte, während überall unter den Tieren, die einander vernichten müssen um zu leben, Grausamkeit herrscht, ist ein Rätsel, das wir nur versuchsweise lösen können: ist es denkbar, daß die menschliche Seele, die einer höheren Ordnung angehört und eine weitaus größere Leidensfähigkeit besitzt, auf diese Weise bevorzugt wird? Alles, was wir euch vermitteln können, ist Auskunft über einige Tatsachen, wann und wo immer das möglich ist, und über Theorien, die gewisse Rätsel richtig zu lösen scheinen. Was wir erwähnten, ist demnach unsere beste Erklärung für die beiden genannten Phänomene, für die Homosexualität (und wie die Natur sie ausgleicht) und für die unter den Tieren herrschende Grausamkeit, wo das Leiden kurz und final, jedoch weder Sühne für frühere Missetaten noch eine Möglichkeit ist, sich seelisch zu enthalten. An die Abfassung neuer Gesetzbücher wird man unendliche Mühe wenden müssen, denn auch in Zukunft wird manchen Richtern die Einsicht abgehen, jeden Fall angemessen zu entscheiden, weshalb Gesetze eben gültig zu formulieren und niederzulegen sind. Überwachung und Ausübung dieser neuen Gesetze wird Menschen von bedeutend höherem Niveau anvertraut sein als dies jetzt der Fall ist, obwohl sich Gerichte und Polizei auch jetzt auf eine größere Anzahl von ehrlichen und ihrem Beruf ergebenen Leuten stützen können als eine desillusionierte Gesellschaft das im allgemeinen wahrhaben will. Die Ausbildung der Polizei wird sich erheblich von dem vergleichsweise dürftigen Training von heute unterscheiden. Dahingehende Bemühungen, die natürlich wie alle erstrebenswerten Änderungen auf einem eingehenderen Verständnis des Menschen fußen, werden sich bei wachsendem Erfolg durchsetzen. Dank der Verbesserung der gesellschaftlichen und wirtschaftlichen Verhältnisse dürften durchgreifende Maßnahmen, etwa zur Unterdrückung von Aufständen, unnötig sein, da solchen Unruhen ihr wesentlicher Brennstoff — Ungerechtigkeit und Willkür der einen und rebellisches Verhalten der anderen Seite — entzogen sein wird. Wer sich in Zukunft um den Posten eines Polizisten bewirbt, wird das nicht tun, weil er zu nichts anderem taugt, sondern weil ihn, obwohl er auch für einen anderen Beruf ausreichend qualifiziert wäre, ein echtes Verlangen treibt, einem Gemeinwesen zu dienen, das den Schutz einer kompetenten, humanen und umgänglichen Polizei verdienen und auch zu schätzen wissen wird. Die Arbeit, die von dieser zukünftigen Polizei zu leisten ist, erinnert in vielem an die Aufgaben der gegenwärtigen sozialen Fürsorge, da Gewalttaten und daraus resultierende gewaltsame Reaktionen dann der Vergangenheit angehören werden, wie übrigens auch die heute kaum glaubliche Anzahl von ausgeübten Verbrechen.

XV

VON ERLEUCHTETEN SEELEN

In unserem Kapitel über Atlantis sprachen wir schon davon, daß sich in Zukunft die Lage der Menschen im Alter wesentlich von der gegenwärtigen unterscheiden wird. Ein Grund wird die bessere Pflege sein, die man dann dem Körper von Kindheit an angedeihen läßt, schon weil er gesünder ernährt werden wird. Man ist bereits auf gutem Wege; es liegen eine Anzahl ausgezeichneter Bücher zum Thema einer angemessenen Diät vor, und doch ist die Mehrheit der Menschen noch immer unzureichend ernährt. Daran sind Armut, Unwissenheit und Gleichgültigkeit schuld wie auch lokal gebundene und anerzogene Eßgewohnheiten. Schließlich sind auch die Regierungen verantwortlich, wenn sie versäumen, der Bevölkerung mit Hilfe einer gut durchdachten Landwirtschaft die bestmögliche Nahrung zuzuführen. Eine gute Planwirtschaft sollte also eure oberste Sorge sein. Mit Planwirtschaft meinen wir nicht Kommunismus; der Bauer sollte beispielsweise weiter sein eigener Unternehmer sein, doch sollte er sich einem Programm fügen, das von einer zentralen Verwaltung geplant wurde. Hier konfrontiert uns allerdings ein recht schwieriges Problem: ein solches System einzuführen und ohne ausgesprochen diktatorische Maßnahmen durchzusetzen, erfordert eine große Anzahl von Menschen vom feinsten moralischen Kaliber. Diese sind während der gegenwärtigen ethischen Flaute nicht ganz leicht zu finden. Es ist deshalb unerläßlich, daß einer Neuverteilung und Neuregelung aller möglichen Machtverhältnisse eine Sinnesänderung, ja eine komplette Renaissance des Menschen als geistiges Wesen vorausgeht oder diese Neuregelungen zumindest begleitet.

Da sich beim gegenwärtigen Stand der Dinge größere Veränderungen innerhalb der Machtstruktur kaum ohne Gewaltsamkeit erreichen lassen, muß man mit einem gewissen Maß an „Drecksarbeit" rechnen. Wir gebrauchen dieses Wort, weil sich, von einer höheren Warte aus, in jeder noch so unvermeidlichen Drecksarbeit ausnahmslos schwarze Kräfte manifestieren. Das sollten sich alle geistig Wachen vor Augen halten, und es möge sich keiner verleiten lassen zu glauben, Gewaltsamkeit an sich sei etwas anderes als das blanke Böse, oder die Dringlichkeit eines Zieles heilige jedes beliebige Mittel. Dem ist nicht so, auch wenn sich auf diese Weise längst fällige Verbesserungen herbeiführen lassen sollten. Gewaltsamkeit sollte wirklich als allerletztes Mittel angesehen werden, dessen man sich nur so lange bedient, bis der Mensch reif genug ist, unerwünschte Zustände in einem Geist vernünftiger Fairness zu korrigieren.

Was soll aber einer tun, der Gewaltsamkeit ablehnt, die ihm verfügbaren Mittel aber als unzureichend empfindet? Solch ein Mensch sollte sich aller legitimen Handhaben bedienen — darüber hinaus aber sollte es ihm um die zunehmende Erleuchtung seiner Seele gehen und darum, daß er seinen Mitmenschen zum Vorbild werde. Indem er sein inneres Wesen vervollkommnet, vermehrt er zugleich das Licht der Welt, und nur eine erleuchtete Welt wird weitgreifende und von dauerndem Erfolg gekrönte Reformen erleben. („Dauernd" beschränkt sich für uns nicht auf einige Jahrzehnte!) Nur wenige Menschen sind sich darüber klar, welch enorme Rolle schon ein paar hochstehende Wesen spielen können, ob sie sich in Wort oder Schrift mitteilen oder nicht. Von uns aus gesehen ist jede inkarnierte Seele ein Licht, das dem von ihr erreichten geistigen Rang entsprechend hell oder trübe leuchtet. Es gibt sogar „Minus-Lichter", also Seelen, die nicht nur kein Licht ausstrahlen, sondern tatsächlich dunkler sind als ihre Umgebung. Ihre Schwärze mag von solcher Intensität sein, daß sie eher einem Loch als einer Farbe gleicht. Eine häßliche Seele kann sich auch als unangenehm schmutziger Fleck manifestieren. Die hellen Lichter sind jedoch untereinander verschieden: die Stärke der Leuchtkraft zeigt die jeweilige Existenzebene an, die Farbe hingegen deutet auf persönliche Qualitäten.

Blickt man heutzutage auf die Seelen der Erde als ein Ganzes, so erscheinen sie als trüber Wust, den hin und wieder ein Funke aufhellt. Dieses Bild kann sich aber von einer Ära zur nächsten ändern. In erleuchteteren Zeiten sieht eure Welt von weitem wie ein leuchtender Nebel aus; jetzt hingegen nehmen wir sie als eine düstere Anhäufung wahr, in der ab und zu ein Licht aufstrahlt. Dieser Anblick ändert sich aber, sobald eine Anzahl von Einzelseelen erleuchteter wird, was eben — wenn auch von den Zeitgenossen unbemerkt — eine völlige Verwandlung bewirkt. Der Einsiedler in der Wüste, der Weise in seiner Höhle oder aber der sogenannte Alltagsmensch, der sein scheinbar gewöhnliches Leben führt, in Wahrheit aber bereits auf höherer Bewußtseinsebene steht — das sind die Seelen, von denen die Welt in Gang gehalten wird, denn eure Welt würde verderben ohne einen dauernden minimalen Zuschuß an essentieller geistiger Kraft, die aus reinen und geweihten Sterblichen strömt und von der göttlichen Gerechtigkeit eingesetzt wird, wo immer und wann immer sie notwendig ist. Eure Welt würde zugrundegehen wie gewisse Organismen, wenn ihnen die lebenspendenden Sonnenstrahlen entzogen werden. Die Ordnung der Dinge sorgt aber dafür, daß allezeit eine genügende Anzahl von erleuchteten Männern und Frauen auf dieser Erde leben, Menschen, die jene höhere Kraft empfangen und ausströmen. Ohne sie wäre eure Welt verloren, da sich eine innere Finsternis auf die gesamte Menschheit senken würde. Jungs „kollektives Unbewußtes" existiert zwar nicht, wohl aber gibt es eine nichtphysische Atmosphäre, die eure Welt umgibt. Diese psychische Hülle ist bisher in ihrem Wesen noch nicht erkannt worden, obschon Menschen dank eines ihnen unbekannten Vorganges oft Gedanken und Gefühle aufgreifen, die in dieser Hülle präsent sind. Beweise dafür sind Fälle von Massenhysterie wie die auffällige Tatsache, daß in den verschiedensten Teilen der Welt oft die gleichen Entdeckungen gemacht werden. Man mag das Zeitgeist nennen oder wie immer man will, jedenfalls gibt es eine von uns wahrgenommene, euch unsichtbare, von Gedanken und Gefühlen erfüllte Region. Zu Zeiten geistiger Finsternis wie den jetzigen würde die Menschheit in einem Morast von aufgehäuften Abscheulichkeiten ersticken, strömten ihr nicht ständig diese erneuernden Impulse zu, die sie einigen erleuchteten Seelen verdankt. Dieser Prozeß wirkt jedoch nicht auf das individuelle Karma ein, das unveränderlich ist und nur durch eigene Bemühung abgetragen werden kann. Die Welt als Ganzes und als Heimat von Gut und Böse bedarf einer gewissen minimalen Reinheit, welche von der Ordnung der Dinge auch gewahrt wird, damit die Menschheit ihre vorgeschriebene Reise vollenden kann.

Während der langen Fristen zwischen den relativ kurzen Inkarnationen ist der Geist Jesu dem großen Licht der Welt, das einige von euch Gottheit nennen, so nahe, daß er als Einzelseele kaum mehr kenntlich ist. Aber auf Erden entstrahlte seinem Leib die Seele wie ein Leuchtfeuer. Wir, die zu jener Zeit der geistigen Welt angehörten, erinnern uns dessen in tiefster Ehrfurcht. Es ist ein weitverbreiteter und schädlicher Irrtum, Jesu sei Mensch geworden und gestorben, um die Sünden der Welt auf sich zu nehmen, und nun brauche man während der knapp bemessenen Erdenzeit nur den Erlöser von ganzem Herzen zu lieben, damit uns der Himmel, wir hätten denn eine Todsünde begangen, auf alle Ewigkeit gesichert sei. In Wahrheit nahm Jesus menschliche Gestalt an und starb am Kreuz, weil die Menschheit seiner Lehre bedurfte, und weil er von einer brennenden Opferwilligkeit erfüllt war, einer Hingabe, die seine Seele von allen Makeln, die nur in seinen Augen Makel waren, reinwaschen würde. Durch dieses Opfer ward ihm die Kraft, mit der er jenen voranging und half, die ihm in eurer Welt und in unserer zu folgen willens waren. Ebenso wie der Mensch nur durch eigene Bemühungen in den Himmel kommt, wahrt Jesu seinen erhabenen Platz, indem er immer wieder das Erlebnis der Läuterung auf sich nimmt.

Jesus ist einer von mehreren uns vertrauten Lehrern; doch ist er der größte unter ihnen. Es gibt nur einen Jesus, es sind aber noch andere Lehrer da, die sich zu Recht unter seinem Namen zu erkennen geben und auch als Jesus wahrgenommen werden. Ein Wort oder eine Vision von ihm hat zahllose Menschen getröstet, und zuweilen war er das selbst. Aber nicht wenige seiner Jünger in der geistigen Welt, die auf eine viel innigere Weise, als das auf Erden vorstellbar ist, sozusagen ein Teil seiner selbst sind, haben mit Recht gesprochen, als wären sie der große Lehrer. Es ist nicht leicht, diese und andere Geister voneinander zu scheiden, die ebenfalls im Namen Jesu oder sogar im Namen Gottes sprechen. Zu wievielen hat doch Gott im Laufe der Zeiten gesprochen! Und wenn auch Gott keine Person ist, sind solche Erlebnisse im wesentlichen wahrhaftig. Ob es Gott war, der zu Moses sprach oder — im zwanzigsten Jahrhundert — zu einem Medium in den Vereinigten Staaten — meist sind solche Vorkommnisse echt, auch wenn der Gesprächspartner in der anderen Welt nicht immer der vermutete ist, sondern eine hilfreiche Seele, die sich dem beschränkten Auffassungsvermögen eines Erdenkindes anzupassen sucht. Wenn aber ein niederer Geist sich unterfängt, Gott den Allmächtigen zu spielen, so mag er praktisch alles sein, vom schlecht beratenen aber wohlmeinenden Macher bis zum ausgesprochenen Halunken, je nachdem wieviel Betrug das Karma des jeweiligen Empfängers zuläßt. Ob der Empfänger solcher Botschaften ein Heiliger oder ein Insasse einer Irrenanstalt ist — nur selten erfinden Visionäre ihre Visionen bewußt oder unbewußt. Und diese Gesichte kommen auch nicht ausschließlich vom Himmel oder aus der Hölle, wie es manche Religionen wahrhaben wollen. Die Geisterwelt ist voll von eifrigen Seelen auf allen möglichen Entwicklungsstufen, und die ESP-Gabe ist keineswegs selten. Es empfiehlt sich daher, daß künftige Fachgelehrte endlich diese Phänomene als das erkennen, was sie sind, und daß sie unterscheiden lernen, welche dieser Erscheinungen wertvoll, nicht der Rede wert oder ausgesprochen schädlich sind. Gerade wie es Tausende und Abertausende von vermeintlichen Dichtern, Künstlern und Philosophen gibt, deren Produkte den Laien, aber nicht den Kenner zu täuschen vermögen, so werden die Psychiater der Zukunft lernen müssen, das Wesen einer der anderen Welt entstammenden Manifestation richtig einzuschätzen. Sie werden ihr Fachgebiet aufgeschlossener und mit sehr viel mehr Scharfsinn als bisher unter die Lupe nehmen müssen, damit ihr Urteil in Fällen, die mit ESP zusammenhängen, gesicherter und gültiger ist.

Versteht man erst einmal, was Visionen eigentlich sind, wird man auch die Insassen von Irrenanstalten nach diesen neuen Erkenntnissen behandeln können. Man wird sie über das Wesen ihrer „Halluzinationen" aufklären, die man dann freilich gar nicht mehr als solche bezeichnen wird, und man wird sie auch lehren, wie sie sich schädlichen Einflüssen widersetzen können. In einer großen Anzahl von Fällen — unter klinisch Kranken wie unter normalen Menschen — führen zerstörerische Kräfte ihren Angriff auf Umwegen über das Unbewußte, so daß eine äußere Ursache überhaupt nicht im Spiel zu sein scheint. Auch auf diesem Gebiet sind neue Wertsetzungen unerläßlich. Gelegentlich könnte man geistig entwickeltere Menschen bei einer anfänglichen Untersuchung zuziehen oder ein in solchen Dingen Erfahrener muß eine halsstarrige oder unwissende Wesenheit austreiben.* Und schließlich wird es unglückseligerweise auch immer

---

* Siehe hierzu Carl Wickland „Dreißig Jahre unter den Toten", Reichl Verlag, St. Goar.

solche geben, die ständiger Krankenhauspflege bedürfen, weil ein schadhaftes Karma ihnen die Rückkehr ins normale Leben nicht gestattet. Wir nennen ein Karma „schadhaft", das sich nicht merkbar lindern läßt. Karma kann natürlich als ein Werkzeug göttlicher Gerechtigkeit niemals im Irrtum sein. Wir nennen daher ein solches Karma lieber „schadhaft" als „schlecht" (obschon für Menschen, die den Begriff Karma nicht völlig verstehen, sowohl „schadhaft" wie „schlecht" von einer gewissen Willkür und Fatalität, wenn nicht sogar Rachsucht zu zeugen scheint, was hier völlig unzutreffend wäre!), weil wir damit eher auf das Resultat als auf eine ursprüngliche und vorsätzliche Willkür einer anonymen Macht hinzuweisen wünschen. Ob heilbar oder nicht, der Patient ist von vornherein davon in Kenntnis zu setzen — vorausgesetzt natürlich, er befindet sich bei gesundem Verstande — daß jeder Mensch sein Karma selbst verursacht hat. Sollte es sich herausstellen (der Versuch muß natürlich gemacht werden!), daß während der jetzigen Inkarnation eine Heilung nicht erreicht werden kann, so ist anzunehmen, daß sich gerade durch diese Unheilbarkeit das Karma erfüllt und damit das frühere Unrecht gesühnt ist. Nach dieser Buße kann die Seele frei und reinen Herzens aufs neue beginnen, wann immer ihr eine nächste Gelegenheit beschieden ist.

XVI

KOSMOGONIE FÜR DEN LAIEN

In den vorangegangenen Kapiteln haben wir euch eine Skizze der Welt gegeben, wie wir sie sehen, ja — wenn man will — von beiden Welten, obschon für uns die zweite lediglich eine Erweiterung der ersten ist, wobei die materielle Welt nur die überaus dichte Basis oder gewissermaßen die unterste Sprosse einer Leiter darstellt, die in höhere Welten geringerer Dichte hinaufreicht. Dieser Zustand herrscht im gesamten Universum. Beide Stadien von Energie sind scharf getrennt, obwohl Materie aufgelöst und Energie mit Hilfe von Ektoplasma wiederum zu Materie verdichtet werden kann. (Wir sprechen hier von irdischen Transmutationen geringen Umfanges, nicht von kosmischen Prozessen, die von ganz anderen Kräften bewirkt werden.) Das Ektoplasma — wie ihr euch wohl erinnert — ist eine Verbindung rein geistiger Kraft mit Protoplasma, das dem Körper eines Mediums entzogen wird. Ektoplasma ist ideoplastisch, kann also jede gewünschte Form oder Funktion annehmen und läßt sich somit vom Willen in eine sichtbare dreidimensionale Gestalt, Materialisation genannt, verdichten, die sich mit infrarotem Licht photographieren läßt.

Ektoplasma ist der Stoff, aus dem ein Geist sich formt, wenn er sich während einer Séance sichtbar zu machen wünscht; es bewirkt auch die Levitation, das automatische Schreiben, die sogenannte „direkte Stimme" und ähnliche Phänomene. Obwohl nur selten angewandt, ist Ektoplasma doch von enormer Bedeutung, denn es schlägt eine Brücke von der unsichtbaren in die sichtbare Welt. Aber trotz der Umwandlungsfähigkeit beider Energieformen (in ihrem ursprünglichen Zustand oder zu

Materie verdichtet) sind beide Phasen überall im Universum getrennt. Das bedeutet nicht einen Mangel an Gradunterschieden — es besagt lediglich, daß von einem gewissen Punkt an Materie nicht mehr Materie ist, wie es ja auch unter den vielen Abstufungen zwischen Böse und Gut einen bestimmten — einer Wasserscheide nicht unähnlichen — Punkt gibt, die Grenze zwischen „Hölle" und „Himmel". So lösen sich beispielsweise Planeten auf, indem zu Energie wird, was Materie war, und zwar stufenweise, bis zu immer geringerer Dichte und gänzlichem Erlöschen. Diese Form der Auflösung hat jedoch nichts mit dem zu tun, was ihr als sichtbares Entstehen oder Vergehen durchs Teleskop beobachten könnt. Der eine Vorgang ähnelt mehr einer Zerteilung, der andere einer Verdunstung. Beide haben voneinander verschiedene Funktionen, die man in Zukunft noch entdecken wird.

Wo ein Planet — oder irgendein anderer Himmelskörper — endgültig erlischt, bleibt ein „Schatten" oder eine gewisse Leere. Dieser Schatten ist mehr als eine Abwesenheit, er ist etwas Negatives, ein Minus-Raum, wahrscheinlich das, was sich die Wisschenschaftler unter „Antimaterie" vorstellen. Es ist, als ob die im Raum sich kreuzenden Kräfte diese Hindernisse schon so lange umgangen hätten, daß nicht nur permanente Umwege entstanden sind, sondern daß sich die Leerstellen selbst auf eine Weise vertieften, die sich bis jetzt jedweder Terminologie entzieht. In dem Maß, in dem sich diese Leerstellen vermehren, nimmt das Universum — humoristisch ausgedrückt — mehr und mehr das Aussehen eines Emmentalers an, bis die Überzahl dieser Leerstellen das Schwungmoment des Universums sozusagen umkehrt und das ewige Pendel nun entgegengesetzt ausschlägt. Diese ungeheuren Zyklen, von denen bereits in den ältesten Schriften der Hindus die Rede ist, hat man als kosmisches Atmen angesprochen: äonenlanges Einatmen und äonenlanges Ausatmen, das in alle Ewigkeit dauert. Aber nicht alle das Universum durchkreuzenden Kräfte umgehen diese Hindernisse. Wie wir im Kapitel zur Astrologie andeuteten, „wählen" Planeten bestimmte ihrem Wesen entsprechende Energien, während andersartige Energieströme sie umgehen oder von ihnen abgestoßen werden. Wir sprachen bereits über die häufigsten Ursprungsarten von Himmelskörpern: Häufung von Materie und Umwandlung von Energie. Manchmal aber verbinden sich diese beiden Prozesse, um den Schöpfungsvorgang zu beschleunigen, damit die unendlich subtile und komplexe Harmonie gewahrt bleibt, ohne welche die Welt zugrunde ginge.

Wenn wir uns in den letzten Abschnitten einer Laiensprache bedienten, so deshalb, weil es ein angemessenes wissenschaftliches Vokabular für das, was wir hier anzudeuten versuchten, noch nicht gibt. Eine neue Weltanschauung wird aber bald die Studenten der Astrologie und Physik zur Erforschung des Universums, wie wir es auf diesen Seiten beschrieben haben, führen. Mit dem Rüstzeug einer neuen Einstellung wird man sich bisher vernachlässigten Gebieten zuwenden und ein neues Vokabular für die unausbleiblichen Entdeckungen schaffen. Wir bedauern es, wenn euch unsere Darlegungen irritieren. Was wir hier versuchen, ist schwierig, nicht so sehr, weil wir uns einer in wissenschaftlichen Dingen unbewanderten Vermittlerin bedienen, sondern weil die Wissenschaft selbst so arm an metaphysischen Erkenntnissen ist. Gewöhnlich gehen uns bei der Übermittlung neuen Materials Fachleute zur Hand: Komponisten schenken der Welt neue Werke, Ärzte entdecken neue Heilmittel ... aber hier müssen wir das Fach ja erst neu schaffen oder ein vergessenes Fach — dessen Repräsentant der akademisch gebildete Seher wäre — wieder zum Leben erwecken. Aber gerade jetzt gilt der Seher nichts, und dem Wissenschaftler geht der Horizont ab, der ihm Einsichten vermitteln könnte, die über sein enges Fachgebiet hinausgehen. Deshalb also haben wir ein Medium gewählt, dem es gegeben ist, momentan etwas abwegig scheinende Ideen zu übermitteln, die für die Entwicklung einer fortgeschritteneren Weltanschauung unentbehrlich sind.

XVII

DIE AUTOREN STELLEN SICH VOR

Die ersten Kapitel dieses Buches sind anonym geschrieben. Jetzt aber wollen wir uns vorstellen. Zuvörderst — und am wichtigsten — ist Evas eigener Lehrer Azanananda, der während einer Inkarnation in Ägypten ihr Bruder war. In einer späteren Inkarnation lebte er in Nordindien und erlangte dort höhere Weisheit. Er hat den Namen, den er in jener Inkarnation führte, beibehalten. Teresa von Avila, unter deren Leitung dieses Buch geschrieben wurde, ist nicht mehr dieselbe, die einst von der römischen Kirche heiliggesprochen wurde; sie ist jener Glaubensform entwachsen und hat eine Lehre mitbegründet, die in dieser Botschaft niedergelegt ist. Sie und Azanananda, dessen Namen bisher unbekannt war, vertreten eine Anschauung, die auf der völligen Befreiung und Loslösung aus allen überlieferten Glaubensformen beruht, von denen jeweils nur das ewig Gültige bewahrt wurde. Es wurden weit mehr Gedanken aus den Veden übernommen als aus anderen Religionen, doch sind die hier vertretenen Anschauungen mit keiner heute verbreiteten Lehre identisch. Der Weg zur Wahrheit wurde so aufrichtig und ehrfürchtig beschritten, als wüßte man noch gar nicht, was Wahrheit ist, denn nur so bewahrt sich der Denkende seine völlige Freiheit. Es ist unsere Aufgabe diese Botschaft ohne den geringsten ängstlichen Vorbehalt zu übermitteln, wir möchten vielleicht jemandem mißfallen, der nicht begreift, wie notwendig es ist, von Zeit zu Zeit zu prüfen und neu zu werten, was der menschliche Geist seit Menschengedenken manipulierte, bis es bei aller Großartigkeit der alten Religionen seinen ursprünglichen Glanz eingebüßt hat. Wir erkennen — das sagten wir ja schon — durchaus den Wert jener Lehren an, wenn auch manche von ihnen bis zur Unkenntlichkeit popularisiert und durch modische Gurus, wie sie momentan in der westlichen Welt florieren, entwertet wurden. Trotzdem finden wir, daß die Zeit für einen völlig neuen Anfang reif ist, weniger vielleicht für die Gläubigen verschiedener Hindu-Sekten, als für die Anhänger und Erben eines abgegriffenen Christentums und seines (heute eher traditionsgebundenen als religiösen) Vorläufers, also für alle, die sich verzweifelt um eine neue Weltanschauung bemühen. Sie sind es, für die wir dies diktieren. Indem wir sagen, wer wir sind, möchten wir unsere Botschaft gleichsam unterschreiben. Wir sind Menschen und stellen uns jetzt vor, nachdem wir diejenigen von euch, die unsere Botschaft vorurteilslos prüften, auf den weiteren Schock vorbereitet haben, zwei so unwahrscheinlichen Autoren zu begegnen. Und doch sind die Autoren nicht unwahrscheinlicher als das Buch selbst, und sicher habt ihr euch schon gefragt, wer es wohl diktiert hat. Viele andere haben sich uns zugesellt und manchmal formulierten wir mit ihnen, was uns zu sagen aufgetragen war; sie möchten aber ungenannt bleiben. Nachdem wir dies einfließen ließen, fahren wir auf der Basis unserer gegenseitigen, wenn auch noch etwas mutmaßlichen Bekanntschaft in unserer Botschaft fort. Wir werden versuchen, denjenigen unter euch, die mit hellseherischen oder ähnlichen ESP-Gaben gesegnet sind, unsere Präsenz spürbar zu machen.

XVIII

MEDITATION UND ERSTE ERLEBNISSE

Um das, was auf diesen Seiten gesagt wurde, wirklich aufnehmen und verstehen zu können, muß der Leser den hierzu einzig möglichen Weg beschreiten: er muß sich üben, eigene Erfahrungen über das Wesen jenseitiger Welten zu sammeln. Die Meditationsmethoden sind so zahlreich wie die Gruppen, in denen sie gelehrt werden — doch gibt es im Grunde nur eine Methode; die Anwendung ist es, die jeweils Schwierigkeiten bereitet. Es geht um Entspannung und um unangestrengtes Konzentrieren. Es geht, mit einem Wort, um passive Aufmerksamkeit. Du läßt alles entgleiten und konzentrierst dich lediglich auf einen imaginären Punkt, der kein räumlicher Punkt, sondern der Brennpunkt deiner Aufmerksamkeit ist. Es ist außerordentlich schwierig, von überallher eindringende Gedanken fernzuhalten, doch ist dies zu erreichen, indem man den Geist auf ein völlig leeres Blickfeld lenkt, das auch völlig leer bleiben muß. Die Anstrengung, deren es hierzu bedarf, sei nachhaltig und behutsam zugleich; jedwede Übertreibung ist zu vermeiden, die Muskeln sind entspannt zu halten und ein Gefühl von Frieden, Gelöstheit und Geduld sollte den Meditierenden erfüllen. Er sollte nie unter Zeitdruck stehen. Obwohl eine solche tägliche Übung nicht mehr als ein paar Minuten in Anspruch zu nehmen braucht, sollte man sich während des Meditierens des Zeitablaufs überhaupt nicht bewußt sein.

Was wird geschehen? Eine Weile wahrscheinlich überhaupt nichts. Aber wenn ihr diese Übungen richtig ausführt, werden sie euch sehr nützen, und friedevolle Schwingungen werden euch erfüllen, eine tiefe Ruhe, die bereits der Vorläufer und die unerläßliche Vorbedingung für eine außersinnliche Wahrnehmung sein kann. Und welcher Art wird sie sein? Das können wir nicht prophezeien, weil wir nicht wissen, ob dir ESP-Gabe eignet oder nicht. Auch ohne ausgesprochene ESP-Begabung solltest du etwas spüren; selbst wenn sich keiner deiner fünf Sinne auf feinere Schwingungen einstimmen lassen sollte, müßte deine Seele gewisse Phänomene wahrnehmen. Natürlich mußt du erst als gegeben hinnehmen, daß du eine Seele hast. Wir können dich nicht erreichen, solange du ihre Existenz bestreitest. Betrachte sie einfach als dein innerstes Wesen, ohne dir unbedingt einen Ort vorzustellen, wo sie in dir zu suchen wäre. Mit der Zeit wirst du eine Reihe von Dingen wahrnehmen, deren du dir vor dem Meditieren nicht bewußt warst. Zerbrich dir nicht den Kopf über ihre objektive Realität. Die meisten Anfänger verhalten sich außergewöhnlichen Erlebnissen gegenüber mißtrauisch, entweder aus Furcht vor dem Unbekannten oder aus Bescheidenheit („Warum sollte dies ausgerechnet mir geschehen?"). Manchmal ist einer auch deshalb mißtrauisch, weil er sich Erlebnissen hinzugeben scheint, die anderen nicht geheuer sind. Deshalb behältst du vor Menschen, die sie als Ausgeburt deiner Phantasie oder deines Unterbewußtseins oder ganz einfach als gefährlich oder ketzerisch ansprechen, diese Erlebnisse am besten für dich. Nach einer Weile wird sich das alles geben. Was dir während des Meditierens eingegeben wurde, wird sich still behaupten und Teil deiner inneren Landschaft werden. Laß es geschehen, laß dir Zeit. Wenn du dich nicht aus gutem Grund als gestört zu betrachten hast, in welchem Falle du natürlich einen geeigneten Ratgeber zuziehen solltest — geeignet in unserem Sinn! — kann dir gar nichts geschehen.

Sollte dir irgendetwas Unangenehmes widerfahren, so hat das einen Grund. Auch da empfehlen wir dir wieder, einen Ratgeber zuzuziehen: es kann nämlich sein, daß sich schwarze Kräfte einmischen, um dich zu entmutigen. Laß dir das nicht gefallen! Vielleicht mußt du kämpfen, und vielleicht möchtest du den Kampf aufgeben. Wenn du dich innerlich aber unerschrocken fühlst, dann laß dich nicht beirren! Fast alle Lehrer der Menschheit, ob groß oder bescheiden, hatten Versuchungen zu widerstehen, in denen ihre Widerstandskraft geprüft wurde. Es wird dir ja nicht zugemutet, ein Martyrium auf dich zu nehmen, aber keiner, der sein Leben auf irgendeine Art seinen Mitmenschen widmen möchte, hat es je leicht gehabt. Idealisten müssen leiden — umso mehr, je weniger Idealismus es gibt, also besonders in der heutigen Zeit.

Wenn du erst einmal eine oder zwei Wochen meditiert hast und dabei bist, die Anfangsgründe der Kunst der Konzentration und der Selbstbeherrschung zu meistern, solltest du beginnen, darauf zu achten, ob du vielleicht etwas „hörst" oder „siehst", oder ob sonst etwas auf dich zu will, sei es in Worten, Bildern oder Symbolen oder lediglich als undefinierbare Wahrnehmung, die dich auf anderen Wegen als über die üblichen fünf Sinne erreicht. Verhalte dich ruhig, denn Aufregung stört die hauchdünne Verbindung. Bleibe gelassen und aufgeschlossen. Bestätige uns, was du empfängst, weil es für uns manchmal schwer ist, mit Sicherheit festzustellen, was in deinem Innern vorgeht. Wir wissen das nur ungefähr und sind nicht immer sicher, ob die Erregung, die wir wahrnehmen, auf deine Vorfreude zurückzuführen ist oder ob tatsächlich etwas geschehen ist, worauf du in dieser Weise reagierst.

Ein fruchtbarer Ideenaustausch zwischen dir und uns kann erst stattfinden, wenn du gelernt hast, deutlich mit uns in Verbindung zu treten — in Gedanken oder Bildern —, denn es mag sein, daß du eher zum bildlichen als zum verbalen Ausdruck neigst. Sei nicht enttäuscht, wenn außer einem Einströmen von Ideen und Empfindungen nichts geschieht. Du solltest natürlich zwischen deinen eigenen dich umdrängenden Gedanken und solchen, die aus anderer Quelle stammen, unterscheiden lernen, wenn sich das auch als recht schwierig herausstellen mag, weil wir dir, ohne daß du dir dessen bewußt geworden wärest, zeit deines Lebens unsrige Ideen durch dein Unterbewußtsein zugeleitet haben, so daß du dir angewöhnt hast, sie als deinem eigenen Unterbewußtsein entstammend anzusehen. Von der modernen Psychologie nicht erkannt, für die es eine Art von Depot ist, aus dem verborgene und unterschwellige Inhalte ab und zu ein Zeichen heraufsenden, ist dieses Unterbewußtsein hingegen ein wohlgetarnter Eingang, durch den euch Botschaften aus dem Jenseits auf Umwegen erreichen. Jungs Begriff vom individuellen Unterbewußtsein, daß in ein kollektives übergeht, zielt auf etwas Richtiges, macht aber vor der entscheidenden Entdeckung halt, weil sein Karma ihm zwar gestattete, das Gelobte Land von ferne zu schauen, nicht aber es zu betreten.

Sind die Anfangsgründe des Meditierens gemeistert, so besteht die Möglichkeit für deutliche außersinnliche Wahrnehmungen. Und doch bitten wir dringend, sich unserer Welt nicht mit der Absicht zu nähern, irgendwelche Phänomene zu erleben. Das würde die geistige Haltung, in der ihr den Weg zu tieferem Wissen antretet, entwerten. Wer den Lockungen des Okkulten erliegt und ihretwegen meditiert, dem wird sich inneres Wachstum verweigern. Und um inneres Wachstum sollte es euch zu tun sein, nicht um aufsehenerregende Erlebnisse. Das ist zu beherzigen, ehe man das Meditieren in sein tägliches Leben einbezieht. Die innere Einstellung ist viel wichtiger als alles andere; wer es nicht wirklich ernst meint, gefährdet seine geistigen Möglichkeiten. Das müßt ihr anfangs in eurem innersten Wesen klären. Kümmert euch nicht darum, welchen Eindruck ihr auf andere macht; seid euch selbst treu, dann kann sich euer Schutzgeist nähern und kann sich euch zu erkennen geben.

Wir möchten euch einen Überblick über die folgenden Lektionen geben. Wir warnen vor dem Versuch, die Dinge ungebührlich zu beschleunigen. Erst will jede einzelne Phase völlig gemeistert sein, ehe die nächste in Angriff genommen wird. Jedem Versuch, sich mit uns in Verbindung zu setzen, sollte Meditation vorausgehen. Nach einer gewissen Zeit sollte allerdings eine kürzere Vorbereitungszeit genügen, um den geistigen Zustand herbeizuführen, ohne den Ergebnisse von irgendwelcher Bedeutung wahrscheinlich ausbleiben. Als erstes mußt du also völlig entspannt sein — eine Kunst, die wahrscheinlich in vielen Fällen erst gelernt sein will. (Wir geben im nächsten Kapitel eine kurze Beschreibung und hoffen, daß sie hinreicht.) Zum zweiten solltest du zusehen, daß Frieden und Harmonie in deinem Innern herrschen, ehe du versuchst, eine Verbindung mit uns herzustellen, weil du dich sonst den Tücken böswilliger Wesenheiten aussetzt. Solltest du zum Beispiel schlechter Stimmung sein, so ist dies schon durch etwas Disziplin und Übung zu beheben. Schließlich möchten wir euch noch raten, ein kurzes Wort auszuwählen, eine Invokation, mit der ihr die Meditation einleitet. Hierzu wäre manches dienlich: ein bedeutendes Wort, ein Ausspruch, eine musikalische Phrase, ein vor das geistige Auge gerufenes Bild, oder ihr wendet euch an ein euch besonders nahestehendes heiliges Wesen — was immer euch leicht in den Zustand versetzt, in welchem Gedanken und Gefühle ausgelöst werden, die ihrerseits zur Erwiderung anregen und somit einen Austausch zwischen Himmel und Erde herbeizuführen imstande sind, ein den Menschen seit undenklichen Zeiten vertrautes Geschehen, das am schönsten in der von Jakob im Traum geschauten Himmelsleiter verbildlicht ist.

XIX

WIE MAN SICH ENTSPANNT UND SEINE STIMMUNGEN BEHERRSCHEN LERNT

Suche dir eine bequeme Stellung, aber achte darauf, daß dein Rückgrat — im Sitzen oder Liegen — völlig gerade ist. Schließe die Augen und richte dein Bewußtsein nacheinander auf die verschiedenen Teile deines Körpers und entspanne sie dabei; der gewählte Teil soll sich also selbst fühlen. Das mag am Anfang etwas schwierig sein. Du kannst nachhelfen, indem du die Hand oder den Fuß berührst, der sich seiner selbst bewußt werden soll. Richte dein Bewußtsein auf diesen Körperteil, indem du es vom Kopf weglenkst. (Das geschieht ganz automatisch, wenn du dich völlig konzentrierst.) Sobald du also nichts weiter bist als dein Fuß, lenke dein Bewußtsein am Bein hinauf und werde ausschließlich Bein usw. Wenn du deinen Fuß aus dem Bewußtsein entläßt (am besten beginnst du rechts), spüre die Empfindung des Loslassens; vielmehr, der Fuß lasse sich selbst los. Das sollte ihn stillegen — spürst du, wie er daliegt, schwer wie ein Stein oder, wenn du es wünschst, federleicht, aber spüre es ganz! —, dann entspanne in gleicher Weise deine rechte Seite, die Arme, Hände, jeden Finger, bis zum Kopf. Entspanne jeden einzelnen Teil deines Gesichts, Zunge, Lider — laß sie völlig erschlaffen. Konzentriere dich dann auf den linken Fuß und dann noch einmal zurück zum Herzen. Es sollte nun ruhig und regelmäßig schlagen. Wenn du jetzt noch nicht eingeschlafen bist (es gibt übrigens kein besseres Mittel in den Schlaf zu fallen), solltest du völlig entspannt sein und bereit zum Meditieren. Diese uralte Übung kann anfangs beträchtliche Zeit in Anspruch nehmen, dauert aber, ist sie einmal gemeistert, nur wenige Sekunden.

Die in diesem Buch niedergelegten Anschauungen sollten es dir auch ermöglichen, deine Stimmungen zu meistern. Zorn, beispielsweise, kann durch vernünftiges Denken bezähmt werden; das vernünftige Denken stellt sich schnell ein, wenn man erst einmal gelernt hat, auf der Hut zu sein. Für Zorn und Ärger gibt es legitime Gründe; sich deshalb aber gehen zu lassen, heißt unerwünschten Kräften in die Hände spielen. Solltest du aber gerade deprimiert sein, blicke im Geist aus der Zukunft auf diesen dann bereits vergangenen Moment zurück. Das wird es dir ermöglichen, ihn viel objektiver zu sehen und verringert zugleich die Dramatik des Moments. Wenn wir von trüber Stimmung sprechen, meinen wir nicht schweren Kummer. Dieser würde leider einen Gedankenaustausch zwischen uns unmöglich machen, da wir nicht imstande wären, die dich umgebende Turbulenz zu durchdringen. Wenn es dir aber gelingt, selbst in großem Kummer — aus dem Gefühl heraus, daß ob gut oder schlimm niemals etwas Ungerechtes geschehen kann — dein inneres Gleichgewicht zu bewahren, so könnten wir dir beistehen und dich schon durch unsere Gegenwart trösten. Um es zusammenzufassen: die Verbindung mit uns ist nur in einem Zustand inneren Gleichgewichtes möglich. Richte dich danach. Sollte es dir im Moment nicht gegeben sein, dann sei versichert, daß du wahrscheinlich eines Tages höheres Wissen erlangst, das dir deine gegenwärtige Lage in gänzlich neuem Licht zeigen wird.

XX

VERSTÄNDIGUNG ZWISCHEN DEN WELTEN

Dieser Abschnitt ist besonders wichtig für die unter euch, die alle oben erwähnten Übungen gemeistert und mit Erfolg meditiert haben. Ihr solltet bereits ganz anders in die Welt schauen. Mittlerweile mögt ihr auch schon ein Erlebnis gehabt haben, das euch zur Fortführung eurer Übungen ermutigte. Vielleicht sollten wir hier eine Warnung einfließen lassen: rechnet nicht damit, ununterbrochen mit uns in Verbindung zu bleiben. Eine ganze Reihe von Dingen können diesen glücklichen Zustand stören. Die Verbindung mit uns ist allerdings ein ausnahmslos in der Vergangenheit verdientes Privileg, und doch hängt sie von so vielem ab, daß aus einer ersten Begegnung noch keine glückliche Partnerschaft mit dem Übernatürlichen resultieren muß. Erwartet also nicht eine endlose Reihe halkyonischer Tage — das gibt es ja auch auf Erden nicht —, obschon, dem Erdendasein entgegen, wir, eure wahren Gefährten, euch niemals Enttäuschungen bereiten werden. (Jedwede Irreführung ist die karmisch verschuldete Einmischung feindlicher Wesenheiten. Davon gleich mehr.) Die Verständigung mit uns ist einfach nicht immer möglich, da ideale Bedingungen herrschen müssen und allerhand dazwischen kommen kann, z. B. ein schlechter Gesundheitszustand, schlechte astrologische Aspekte, eine ungünstige Weltlage, die sich in der psychischen Atmosphäre widerspiegelt und manchmal sogar ungünstige meteorologische Bedingungen. Richtet euch also nach den sieben fetten auf die sieben mageren Jahre ein! Lernt von der Erinnerung zehren und von der nicht ausbleibenden Gewißheit einer Wirklichkeit, die der öden Realität der geistig Stumpfen und seelisch Trägen weit überlegen ist, mögen jene noch so gerissen und erfolgreich sein. Wir betonen: betrachtet euch auf Grund eurer Erlebnisse nicht als Erwählte — wie mancher hat schon seine geistigen und seelischen Gaben verwirkt, weil er sich mit ihnen verherrlichte, statt sie zum Wohl seiner Mitmenschen einzusetzen. Sei also dankbar für das, was du hast und versuche seiner würdig zu sein, obschon du dir deine Sensitivität zweifellos in einem früheren Leben verdient hast. Vielleicht aber hast du sie im nächsten schon verwirkt, wenn du dich jetzt nicht bemühst, ein guter Hüter des dir anvertrauten Pfundes zu sein.

Da wir vor einer uns unbekannten Zuhörerschaft sprechen, von der notwendig ein Gutteil aus den verschiedensten Gründen unter dem Einfluß dunkler Kräfte steht, möchten wir die Ursachen dieses Tatbestandes etwas erklären. Man kann ein von Grund aus guter Mensch sein, der sich in der Vergangenheit eine karmische Schuld aufgeladen hat, die er jetzt in irgendeiner Weise abtragen muß. Unser Medium zum Beispiel büßt eine schwere Strafe für frühere Verfehlungen ab. Obwohl ihr Lebenswerk durch höhere Kräfte gewährleistet und vor dem Zugriff feindlicher Mächte geschützt ist, hatte sie in ihrem persönlichen Leben eine Reihe qualvoller Erfahrungen durchzumachen — und zwar in Form von Lügen und Täuschungen, denen sie während ihrer Verbindung mit dem Jenseits ausgesetzt war. Wir können diese Verschuldungen nicht annullieren und müssen hilflos zusehen, wie sich ihr Karma auswirkt. Solche Fälle sind gar nicht selten, und einige von euch, die ihr dies lest, mögen unter einem ähnlichen Bann stehen. Wir raten natürlich nicht, unter diesen Bedingungen den Versuch, die unsichtbare Welt zu erreichen, überhaupt aufzugeben, doch müssen wir die auf diese Weise belasteten Menschen vor der Unverläßlichkeit alles von ihnen Empfangenen warnen. Seid deshalb auf der Hut, ehe ihr euch auf Botschaften aus dem Jenseits verlaßt oder ehe ihr sie weitergebt, bis ihr die Echtheit eurer Quelle ermittelt habt.

Was wir über die Folgen alter Verschuldungen sagten, gilt ebenso für die gegenwärtigen. Ihr seid euch ihrer vielleicht gar nicht bewußt und merkt nicht, daß sie dem Empfang wahrhaftiger Botschaften, ja bereits dem Erlangen eines höheren Bewußtseins hinderlich sind. Vielleicht erstaunt es euch auch zu hören, daß der Erzfeind der jetzigen Generation das Rauschgift ist. Indem wir zusammenfassen, was bereits an anderer Stelle* ausgesprochen wurde, möchten wir noch einmal hervorheben: Rauschgifte geben euch niemals einen Einblick in höhere Welten, sie gaukeln ihn nur vor. Die Ekstasen eines Heiligen vergleicht und verwechselt nur der mit Rauschgift-Erlebnissen, dessen törichter und verwirrter Kopf nur einen der beiden Zustände dieses Vergleiches kennt. Wer den Genuß von Rauschgift nicht völlig aufgegeben hat, und zwar seit einer beträchtlichen Zeit (deren Länge wiederum von seiner jeweiligen Dauer und Intensität und von der Art und Menge der absorbierten Präparate abhängt), dem können sich höhere Kräfte nicht nähern. Die Ausstrahlungen dieser schädlichen Substanzen, die zwar nicht notwendig im physischen Leib, sehr wohl aber im Astralleib zurückbleiben, stehen ihnen im Wege. Wir bedauern, wenn diese Mitteilung diejenigen von euch überrascht, die „nur ganz vereinzelt" etwas Marijuana zu sich nehmen oder ein Glas zu viel hinuntergießen. Aber wir müssen schließlich die Wahrheit sagen. Ihr müßt euch da entscheiden, oder aber ihr verschwendet eure Zeit. Was wir vom Rauschgift und vom Alkohol sagen, gilt natürlich für jeden übermäßigen Genuß, für die sexuelle Betätigung sowohl wie für das Rauchen und das Essen. Ein unverdorbener Körper ist so wichtig wie ein unverdorbener Geist, und ein Mangel an physischer und psychischer Gesundheit läßt sich durch Meditation nicht ausgleichen. Eines kann die Meditation

---

* Dies bezieht sich auf zwei bisher unveröffentliche Botschaften, eine von Aldous Huxley und eine weitere von Teresa von Avila und Hildegard von Bingen.

allerdings erreichen: euch in eurem Bewußtsein zu bestärken, euch den Versuchungen schädlicher Angewohnheiten zu widersetzen.

Gibt es noch andere Mittel, sich mit der jenseitigen Welt in Verbindung zu setzen? Es besteht entschieden ein Verhältnis zwischen angewandten Mitteln und erreichten Resultaten: eine Anzahl relativ einfacher Methoden stehen jedem, den es danach verlangt und der minimal dafür begabt ist, zur Verfügung, mit Hilfe derer er mediumistische Phänomene erzeugen kann, ohne dabei auf einer Bewußtseinsebene zu stehen, auf der eine fast vollkommene Verständigung stattfinden könnte. Selbst ein bescheidenes mediumistisches Talent genügt, wenn man einigermaßen ernst vorgeht, um gewisse Resultate mit dem „ouija" board", beim Tischerücken und mit dem Pendel zu erzielen. Wir sagen „einigermaßen ernst", weil ein wirklich ernsthafter Mensch den Zeitpunkt abwarten würde, wenn es jenseitigen Lehrern dank der ernsthaften Bemühungen des Schülers möglich ist, sich ihm zu nähern. Das würde auch die Gefahr, bei solchen Versuchen Täuschungen und Intrigen zum Opfer zu fallen, bedeutend herabsetzen. Letzthin hat man rein mechanische Vorrichtungen entdeckt, mit deren Hilfe jenseitige Botschaften empfangen wurden. Diese Vorrichtungen lassen sich ohne die Gegenwart eines Mediums handhaben und liefern somit einen wertvollen Beweis, daß eine andere Dimension existiert.* Und doch, was immer an Krethi und Plethi aus dem Jenseits „durchkommt", reißt sich um die Gelegenheit, Aussagen zu machen — mit sehr unterschiedlichem Erfolg. Solche Aussagen mögen zwar echt und beweiskräftig sein, sind aber banal, wenn nicht überhaupt irrig. Ab und zu mag sich sogar ein erhabener Geist einer solchen Gelegenheit bedienen, weil er keine bessere zur Hand hat, und weil die Botschaft von Wichtigkeit ist. Er mag zum

---

* Gemeint ist das sogen. „Stimmenphänomen". Vgl. Fr. Jürgenson „Sprechfunk mit Verstorbenen", Herm. Bauer Verlag, Freiburg, und Konst. Raudive „Unhörbares wird hörbar" sowie „Überleben wir den Tod?", beide im Reichl Verlag, St. Goar.

Beispiel mit einem künftigen Anhänger Kontakt aufnehmen wollen, der — seine mediumistische Fähigkeit nicht ahnend — noch keinen Verständigungsversuch unternommen und nicht das seelische Niveau erreicht hat, das den Empfang einer unentstellten Botschaft gewährleistet. Nicht wenige Lehrer haben sich provisorisch zweifelhafter Vermittlungswege bedient, um das Eis zu brechen, gemäß dem Hindu-Sprichwort: Ist der Schüler bereit, naht sich ihm der Lehrer.

Ein weiteres Mittel, mit dem Jenseits in Verbindung zu treten, ist der Beistand eines qualifizierten Mediums. Was aber ist ein qualifiziertes Medium? Diese Bezeichnung kam vor etwa einem Jahrhundert in Umlauf und ist eigentlich ganz unangebracht, denn was sie meint, gehört in Wirklichkeit keiner spezifischen Kategorie an. Mediumistische Fähigkeiten stehen zu anderen Gaben in einem gewissen Verhältnis und sind in einer großen Anzahl verschiedenartigster Menschen wirksam, von großen Heiligen bis zu großen Sündern, denen nämlich, die schwarze Magie treiben. Löst man die mediumistische Begabung von ihrem individuellen Träger, entsteht der Eindruck, nur der sei ein Medium, den wir von uns aus erreichen können. Aber jedermann ist bis zu einem gewissen Grade und in irgendeiner Form erreichbar. Der einzige Unterschied zwischen einem sogenannten Medium und der nächstbesten Person liegt in der überdurchschnittlichen und anerkannten ESP-Befähigung, die bei anderen weniger stark hervortritt, so daß man den unter der Oberfläche sich abspielenden Prozeß vollständig übersieht. Große Seelen haben ausnahmslos mediumistische Kräfte, deren Wesen ihnen völlig verständlich ist. Die Macht hingegen, die Zauberern und ihresgleichen zu Gebote steht, richtet sich nach dem Karma des ihnen zum Opfer bestimmten Menschen. Nur denen kann Schaden zugefügt werden, die ihn verdienen. Die Schwarzkünstler ignorieren aber außerdem die Tatsache, daß ihre schlimmen Taten und Vorhaben sie eines Tages unvermindert hart wie ein Bumerang treffen werden.

Um aber auf das Medium und seine Begabung zurückzukommen: jeder große Künstler, Erfinder und Philosoph ist — wie wir das in einem früheren Kapitel schon andeuteten — ein außergewöhnlich begabtes Medium, denn ungeachtet dessen, daß er nur selten etwas über das Wie und Warum seiner Muse aussagen kann (einige Künstler haben es freilich genau beschrieben!), ist sich der Künstler oft nur einer starken Vibration, gewöhnlich als Inspiration bezeichnet, bewußt, die aber — von hier aus gesehen — ein Einströmen ist, wenn nicht überhaupt eine Ideenübertragung von Seiten eines Geisterkollegen oder beides zugleich. Da es aber diese etwas künstliche Kategorie, das Medium, gegenwärtig gibt (in Zukunft werden Medien Priester und Seelsorger sein), wollen wir versuchen zu beschreiben, was mit dem Begriff „Medium" gemeint ist.

Ein Medium ist gewöhnlich eine Person, die sich als verläßliche Informationsquelle ausgewiesen hat, nicht nur was Abgeschiedene betrifft, sondern auch im Hinblick auf die Teilnehmer einer Séance. Außerdem kann das Medium die Gabe des Wahrsagens besitzen. In Séancen spielen zumindest am Anfang Beweise eine wichtige Rolle. Jeder Teilnehmer wünscht Beweise für die angeblichen Fähigkeiten des Mediums. Sie mögen verschiedene Formen annehmen: Hellsehen, Hellhören, Psychometrie — oder das Medium kann in Trance fallen und es so einem Geist ermöglichen, sich seiner Stimmbänder zu bedienen; manchmal produziert es auch unabhängige Stimmen. Da es eine ganze Reihe guter Bücher zu diesem Thema gibt, können wir es uns ersparen, auf die technischen Einzelheiten einzugehen. Wir wollen hier nur noch einmal daran erinnern, daß das, was wir oben über die relative Einfachheit gesagt haben, mit der mediumistische Phänomene zu erzeugen sind, auch auf Medien zutrifft, aber glücklicherweise nicht auf alle. Es kommt sehr auf den geistigen Rang eines Mediums an. Die mediale Gabe wurde zwar in einem früheren Leben verdient; der jetzige Nutznießer dieses Erbes muß aber deshalb selbst keineswegs einen hohen geistigen Rang besitzen. Wir bedauern, wenn euch das verwirrt — aber sagen wir es einmal so: obwohl die Fähigkeit, Wunder zu wirken (also Heilungen und ähnliche mediumistische Manifestationen) mit höheren Bewußtseinszuständen zusammenhängt, heißt das nicht, jedes Medium sei ein engelgleiches Geschöpf. Wenn ihr euch merkt, daß alle Heiligen Medien sind, nicht aber alle Medien Heilige, habt ihr die ganze Geschichte in einem Satz! Wenn ihr also ein Medium aufsucht, denkt daran, daß, von der besonderen Gabe abgesehen, dieser Mensch auf irgendeiner geistigen Stufe stehen kann, und daß andererseits fehlende Bildung und Geschmack oder schlechtes Benehmen nichts darüber aussagen, wie kompetent diese Person als Vermittler jenseitiger Botschaften ist. Die Gradunterschiede in der Genauigkeit des Vermittelten sind fein und mannigfach. Im Unterbewußtsein — wir definierten es neben seinen üblichen Bedeutungen bei Freud und Jung noch als ein Tor für außerweltliche Einflüsse — mag allerhand an „Färbung" hinzukommen. Mit Färbung meinen wir das, was das Medium durch seine eigene Persönlichkeit dem Übermittelten beimischt. Die Qualität dessen, was durchdringt, hängt weitgehend von dieser Beimischung oder ihrem Fehlen ab, d. h. von dem Grad ihrer Beimischung, denn nur selten vermag ein Medium sie ganz auszuschalten. Das wiederum erklärt, warum eine Botschaft ihrem Inhalt nach echt sein kann, aber trotzdem des spezifischen Fluidums ihres Senders entbehrt. Wir erwähnen das, weil wir glauben, daß nicht nur das Interesse am Okkulten sehr wachsen wird, sondern sehen auch ein zunehmendes Fragen nach dem geistigen Wesen des Menschen voraus.

Eine Anzahl religiöser Sekten besteht auf einer seltsamen Unterscheidung zwischen zwei sich angeblich ausschließenden Wegen, deren einer zu höchster Religiosität führe, während der andere in übernatürlichen Phänomenen steckenbleibe. Wir teilen diese Meinung nicht. Wir warnen zwar ausdrücklich davor, sich mit psychischen Phänomenen um ihrer selbst willen abzugeben, wissen aber auch, daß große Seelen ausnahmslos übernatürliche Kräfte besitzen und sich ihrer ausgiebig bedienen. Wir glauben, daß Heiligkeit und psychische Kräfte aufeinander bezogen sind — obwohl, wie wir gerade erwähnten, gewisse mediale Fähigkeiten auch bei gemeinen Naturen vorkommen — und daß große Seelen ihre Begabung freizügig angewandt haben, um ihren Mitmenschen zu helfen und um eine höhere Ordnung der Dinge auf Generationen hinaus augenscheinlich zu machen. Diese Wunder wurden in aller Schlichtheit bewirkt, aber mit Jubel von der breiten Masse aufgenommen. Somit unterliegt die Vorstellung der beiden sich ausschließenden Wege einer weiteren Frage: obwohl alle größeren Religionen untereinander übereinstimmende Sittengesetze entwickelt haben, die für alle als Leitfaden geeignet sind, bleibt dennoch ein Wunsch nach einer Verständigungsmöglichkeit zwischen den Welten, die über jene für die Menschheit allgemein gültigen Lehren hinausgeht. Zeiten ändern sich, Menschen ändern sich und die Art sich auszudrücken ändert sich, und wenn auch die in den verschiedensten Sittenlehren enthaltene Wahrheit dieselbe ist, ändern sich doch die Religionen, die auf diese Ethik gegründet sind. Und wenn wir auch alle echten Lehrer und wahrhaft in ihrem Beruf aufgehenden Priester über ihr Unterbewußtsein lenken (sie befolgen freilich auch die Zehn Gebote oder ähnliche Lehren), so bleibt dennoch ein immerwährendes Verlangen nach Rat und Beistand, das nur durch eine Verbindung mit höheren Wesenheiten zu stillen ist. So und nicht anders haben es seit undenklichen Zeiten die großen Seelen gehalten. Für den Gedankenaustausch zwischen den Welten gibt es keinen Ersatz. Doch naht die Zeit, in der man wieder Ausbildungsstätten für Wahrsager und Hellseher schaffen wird, weil dann dieser Beruf erneut zu Amt und Würden kommt.

XXI

DER WEG NACH INNEN

Das ist das letzte Kapitel unseres Diktats. Darin möchten wir dem Leser noch einige letzte Ratschläge geben. Viele unter euch werden einfach nicht wissen, wo und wie sie anfangen sollen, und zwar nicht so sehr, was Übungen zur Entspannung oder zum Meditieren betrifft, sondern wie sie die ersten Schritte setzen sollen, die sie aus ihrer gegenwärtigen inneren Lage in eine vita nuova, in ein wahrhaft neues Leben führen sollen. Da wir uns schließlich nicht nur an die unter euch wenden, die über die Grundfragen des Lebens nachgedacht haben (für einige sind sie zum Hauptgeschäft geworden), sondern auch an manche, die vielleicht diese Suche nach dem Sinn des Lebens als unnütz aufgegeben haben, werden wir versuchen, euch den rechten Weg zu weisen.

Wer sein Leben bereits auf eine wie immer geartete geistige Zukunft hin lebt, hat ein agnostisches Weltbild schon hinter sich gelassen und muß vielleicht nur noch den einen oder anderen, seine Begriffswelt neu ordnenden, geistigen Akzent anders setzen. Eine höhere Welt übt bereits ihre Anziehung auf ihn aus; er muß seinen Meditationen gleichsam nur noch das rechte geistige Bild unterlegen. Wer aber die Tür zum Unsichtbaren geschlossen hat und diesen Zustand als einen Aspekt der conditio humana, des menschlichen Erdendaseins, ansieht, für den liegen die Dinge etwas anders. Er wird es recht schwer haben, weil er geistig festgefahren ist und das Abenteuer der Suche nach etwas Gültigem als hoffnungslos und müßig aufgegeben hat. Er hat sich abgefunden und will seine Ruhe. Er wird sterben und zu seinem großen Erstaunen wiedererwachen und sich fragen, was das alles zu bedeuten hat. Er wird das Unabwendbare akzeptieren lernen. Er wird zurückblicken und sich fragen, warum er mit dieser Möglichkeit nicht gerechnet hat und weshalb er versäumte, etwas so Wichtiges in Betracht zu ziehen. Er wird die Trägheit seines Herzens verfluchen und seine Laxheit diesen Dingen gegenüber nicht mehr begreifen. Sein Fall ist einer von vielen, die sich tagtäglich auf der ganzen Welt abspielen. Wir, die wir dies jammervolle Schauspiel unausgesetzt vor Augen haben, sehen darin die menschliche Tragödie p a r e x c e l l e n c e . Sie wiederholt sich unablässig und ermüdet und erschöpft uns, obwohl die Not einer menschlichen Seele immer unser tiefstes Mitgefühl erweckt. Wir wollen nicht in den Fehler mancher Religionen fallen, die ihre Ungläubigen mit ewiger Verdammnis bedrohen, aber warnen müssen wir euch. Natürlich wird euch keiner strafen — ihr selbst werdet euch strafen. Daß ihr jetzt gleichgültig und kleingläubig seid, werdet ihr eines Tages in bitteren Selbstvorwürfen bereuen, die umso bitterer sein werden, je mehr es euch aufgehen wird, wieviel reicher euer Leben hätte sein können, nicht etwa weil ihr an einen lieben Gott und seine Engelein geglaubt hättet, sondern durch wahres Verstehen, durch klare Sicht und, bei Gott, durch echte Hoffnung! Rückschauend werdet ihr einsehen, wieviel gütiger ihr hättet sein können, zu euch selbst und zu anderen, wieviel sinnvoller euer Leben verlaufen wäre, wieviel erfüllter! Ihr werdet plötzlich sehen, was geistig und seelisch aus euch hätte werden können, und die Erkenntnis, daß ihr das verscherzt und eure Erwartungen enttäuscht habt, die ihr vor der Reinkarnation für euch hegtet — das alles wird euch heiß und schmerzlich reuen, wie Dante es im I n f e r n o beschreibt. — Wir sagen das alles ungern, aber eines Tages werdet ihr verstehen, daß wir so sprechen mußten, um euch aus eurer Ahnungslosigkeit aufzurütteln, weil sie euch um Erlebnisse bringt, die euch, süß und zutiefst beruhigend, andere Welten erschließen könnten — Welten, die eurem Leben echten Sinn und ein wahres Ziel zu geben vermöchten, wahrer und echter und gültiger als das, was euch die Spekulationen des bloßen Intellektes zu bieten haben.

Im Sinne also eines völlig neuen Anfangs, wie wir ihn andeuteten, schlagen wir vor, daß ihr die auf diesen Seiten dargelegten Anschauungen als Arbeitshypothese und als Basis eurer Suche akzeptiert. Anfangs mag euch eure neue Rolle etwas eigentümlich vorkommen, schon weil ihr wie manche Menschen Angst davor haben werdet, euch lächerlich zu machen. Dieses Unbehagen wird aber rasch weichen, wenn erst einmal eine grundlegende, von euch unbedingt anzustrebende Wandlung eingetreten ist. Wir sprechen hier von nichts anderem als der recht unpopulär gewordenen Demut. Manche von euch werden mit diesem Begriff einige Unsitten assoziieren, die in Kirche und Gesellschaft eingerissen sind. Der Mensch soll sich demütigen: vor seinem Schöpfer, sprich, vor der Kirche, die diesen zu repräsentieren meint, die Frau vor ihrem Mann, der Diener vor seinem Herrn und die Massen vor ihren Herrschern. Wahre Demut aber — wer immer den Begriff mißbraucht haben mag — war, ist und bleibt Eigenschaft und Merkmal aller, die das Göttliche in einer seiner vielen Formen suchen. Wahrhafte Demut schließt in der Tat den Himmel auf. Sie ist die Schwester der Selbstlosigkeit. Wir erinnern euch an Meister Eckeharts Wort, je weniger das Ich sich in unserem Herzen ausbreite, desto mehr könne Gott dort eindringen und darin wohnen. Demut ist das Opfer des Ich, das der großzügige Mensch bringt; je großzügiger und freigebiger er ist, umso tiefer reicht seine Demut. Indem du dein Ich auslöschst — was nicht heißt, du sollst deinen Wert als göttliches Wesen leugnen —, indem du also dem, was Nicht-Ich ist, Raum gibst, öffnest du gleichsam dein Herz und gewährst einer erleuchteteren und glückseligeren Welt Einlaß in deine Seele, deren unveräußerlicher Besitz sie werden wird.

Von uns aus gesehen haben alle Eigenschaften ein bestimmtes Aussehen, wie ja auch das Licht, das ihr in Form eurer Aura ausstrahlt, nicht nur aus leuchtenden Farbtönen besteht, sondern auch Eigenschaften symbolisiert. Diese Charakterzüge machen sich auf eine Weise bemerkbar, die euch überraschen würde. Geiz sieht zum Beispiel nicht nur stumpf und unerfreulich aus, er hat auch einen penetranten Geruch, welcher der betreffenden Person immer anhängt und stärker hervortritt, wenn sich diese Eigenschaft besonders bemerkbar macht. Der Mensch stinkt dann, um das Wort zu wählen, das den Geruch am besten umschreibt. Liebe hingegen offenbart sich auf mannigfache Weise, je nach Beimischung von Besitzenwollen, von Eifersucht oder von physischen Nuancen, die sie momentan beeinflussen. Reine Liebe — und so etwas gibt es auch unter Lebenden — ist wie eine rote Rose, nicht in der Form, sondern nach Farbe und Duft. In unserer Welt ist ein lieblicher Duft etwas besonders Köstliches, weil er eben nicht nur gut riecht, sondern auch Wohlgefühl schenkt. Demut ist lavendelfarben, von zarter Süße und bezaubert uns. Wir fühlen uns hingezogen, wo sie in einem Leben allgegenwärtig ist, besonders in Augenblicken echter Selbstaufgabe, was immer diese veranlaßt haben mag. Der Wert einer Selbsthingabe hängt von einer Reihe von Dingen ab. Der Wunsch, sich völlig aufzuopfern, kann einem Fanatismus entspringen; dadurch ist die Hingabe als edle Tat bereits entwertet. Das Heroische an diesem Akt mag lobenswert sein, der Haß aber, der als Triebkraft wirkte, ist es gewiß nicht. Ein Mensch, der sich für ein vermeintliches Ideal umgebracht hat, wird sich nach seinem Tode in einer eigentümlichen Lage finden, da er den edlen Anlaß von weniger rühmlichen Zügen, die der Ausdruck einer noch unreifen Seele sind, reinlich scheiden muß.

Was wir über Ausstrahlungen, die vom Menschen ausgehen, sagten, gilt auch für Tiere und sogar für Pflanzen. Ein Hund hat eine Aura, ebenso ein Pferd, eine Katze, bis hinunter zu den Insekten; denn jeder lebende Organismus sendet Töne, Farben und Gerüche, die ein Sensitiver wahrnimmt. (Nur selten hat ein Medium mehr als einen oder zwei „erweiterte" Sinne.) Einem wütenden Hund sprühen die roten Funken nur so aus dem Fell; eine wilde Löwin verschießt scharlachrote Strahlenpfeile, während sie ihre Beute anspringt; ein Singvogel trillert einen hübschen Farbenstrauß und ein gelassen schwimmender Fisch verströmt hyacinthene Zufriedenheit. Eine welkende Blume ist von trauernder Farbe, einem dunklen Graublau, während ihr noch auch für uns kaum hörbare Töne und kaum wahrnehmbarer Geruch entströmen. Jedes lebende Wesen eurer Welt teilt sich auf diese euren fünf Sinnen entsprechende Weise mit, obwohl ihr das nicht merkt. Wir hingegen nehmen diese Emanationen nicht getrennt, sondern als ein Vielfaches auf. So verständigen wir uns übrigens auch miteinander. Wenn wir „Apfel" denken, senden wir zugleich Bild, Ton und Duft des Apfels, sowie Geschmack und Gefühl, letztes eher psychisch als handgreiflich zu verstehen. Nehmen wir einmal an, wir wären Zeugen eines Verbrechens, das auf eurer Daseinsebene begangen wird. Wir reagieren darauf, werden aber zusätzlich von Farben und Gerüchen überschwemmt, die Haß, Angst und Todesnot der an diesem Vorgang Beteiligten ausstrahlen. Es erstaunt euch vielleicht, daß wir bei einer solchen Szene überhaupt zugegen sind. Es geschieht aus Sorge und Hilfsbereitschaft jener, die noch nicht fortgeschritten genug sind, den Ausgang solcher Ereignisse vorauszuwissen. Andere wiederum hoffen, ein noch bevorstehendes Unglück abwenden zu können. Und so bleiben wir dabei, weniger um einzugreifen, als in der Erwartung, den Betroffenen moralisch zu unterstützen. Sehr oft aber können wir ihm erst im Augenblick seines Übergangs in unsere Welt hilfreich Beistand leisten. Es gibt aber auch Fälle, in denen erleuchtetere Geister herbeigerufen werden, um ein Ereignis zu verhindern, das dem Karma des betreffenden Menschen nicht entspricht. Dann geschieht meistens ein Wunder. Übernatürliches Eingreifen kann entweder einen Menschen oder Naturkräfte zum Gegenstand haben. Befindet sich ein Mensch in Gefahr, kann der Angreifer über sein Unterbewußtsein von der Tat abgehalten werden. Wenn Feuer oder Wasser drohen, kann die Kraft Pi zur Verhinderung des bevorstehenden Ereignisses eingesetzt werden. Wir kennen Fälle, in denen ein Feuer durch subtile Handhabe eingedämmt wurde, die kaum anders als natürlich wirkt, und wir wissen von wunderbaren Sinnesänderungen in Menschen, die im Begriff waren, einen Mord zu verüben. Wenn trotzdem ein Mensch im Kriege oder als Opfer eines Mörders sein Leben lassen muß oder während einer Naturkatastrophe oder in einem Unfall umkommt, so deshalb, weil die ewige Gerechtigkeit, unparteiisch und ohne Ansehen der Person, keine andere Wahl hatte.

Geister mögen, bis sie die vierte Bewußtseinsebene erreichen, noch den Wunsch hegen, am menschlichen Liebesakt teilzunehmen. Sie können sich einschalten, wo immer sich eine Gelegenheit bietet, obwohl sexuelle Lust als solche im Jenseits nicht mehr existiert. Aber die Erinnerung daran bleibt bestehen, und dies um so heftiger, je mehr man sie im Leben entweder allzusehr verdrängt oder ihr im Übermaß gefrönt hatte. In solchen Fällen wächst sich ein normales menschliches Verlangen zur Besessenheit aus, erfüllt übertrieben Geist und Denken des Betreffenden und kommt selbst nach dem Tode des Körpers nicht zur Ruhe. Während also ein Interesse an sexuellen Dingen noch durch mehrere Stadien jenseitiger Existenz weiterbestehen kann, ehe es erlischt, ist eine solche Besessenheit als ein klares Merkmal einer Existenz auf einer der niederen Ebenen anzusehen. Infolgedessen tummeln sich, wo immer ein solcher Akt auf Erden stattfindet, körperlose Wesen, deren seelische Stufe umso niedriger ist, je gröber oder pervertierter es bei dem Akt zugeht, dem sie beiwohnen. Das geschlechtliche Verlangen der Menschen ist an die verschiedenartigsten Gefühle gebunden, von den edelsten bis hin zu den gemeinsten. Zwei Wesen mögen ein schönes Gefühl, das sie teilen, auf diese Weise zum Ausdruck bringen, weil dies schließlich in der Absicht der Natur liegt. Derselbe angeborene Instinkt ist manchmal Schwankungen unterworfen, die im Charakter eines Menschen begründet liegen, und kann zu Gewalttat und Zerstörung führen. Kurz gesagt, der Natur geht es um sexuelle Vereinigung und Zeugung; der einzelne Mensch hingegen bestimmt Maß und Qualität der hinzukommenden Liebe und Zärtlichkeit. Zu jedem Menschen gehört die Art seiner Sexualität wie etwa seine Lebensanschauung. Sie ist sein stärkster physischer Impuls, und da sie sich von seinem Charakter nicht trennen läßt, überlebt sie den Tod, wenn auch nur als Erinnerung. Im Idealfall wird eine Seele diesen dann imaginären Begierden entwachsen, umso mehr als eine überaus beseligende Liebesäußerung, die völlige Verschmelzung zweier Seelen, zu den Freuden des hiesigen Daseins gehört.

Auf den niederen Stufen, wo Liebe und normales Empfinden abwesend sind und stattdessen Vereinigung und Zerstörung im Sattel sitzen, sind diese pseudo-sexuellen Vergnügungen allgemeiner Zeitvertreib. Eine Wesenheit, die nach sexueller Betätigung geilt, sucht sich gewöhnlich jemand von ungefähr gleichem Niveau aus, mit der sie sich im Hinblick auf die bei dieser Zusammenkunft zu spielende Rolle einig weiß, sei sie aktiv, passiv, sadistisch, masochistisch oder was immer wünschenswert erscheint. Während der „Erfüllung" genießt der Geist, der mit seinem alter ego sozusagen eins ist, dessen Empfindungen in dem für eine körperlose Wesenheit spürbaren Maße mit. Auch über ihn wäscht die Welle der Befriedigung hin, die gleichzeitig seinen Gastgeber durchfließt, ohne daß er indessen die gleiche physische Empfindung an sich selbst erleben könnte. Solch ein Orgasmus aus zweiter Hand gewährt natürlich nicht die Befriedigung und Entspannung wie die gleiche Erfahrung im Fleisch, und bald jagt es den armen Teufel ins nächste Bett, um dort — in seiner immer wieder selbstgeschaffenen Hölle — etwas zu erhaschen, was ihm verweigert ist, bis er endlich den Willen hat, sich aus diesem wahrhaft teuflischen Kreis zu befreien. (Böse Geister würden die Hölle gewiß rascher verlassen, wenn es dort das nicht gäbe, was sie befriedigte, nämlich das orgiastische Vergnügen an allem, was Schaden und Zerstörung anrichtet. Diese Art Genüsse passen zu diesen körperlosen Wesen besser als irgendeine andere Form der „Befriedigung".) Was nun den nichts ahnenden Gastgeber dieser geilen Geister betrifft — wir sprechen hier immer noch vom übermäßigen Genuß des Sexuellen und ähnlicher Laster — so werden ihn seine ehemaligen Kumpane in Empfang nehmen, wenn er das andere Ufer erreicht. Sie werden ihn willkommen heißen und zu neuen Runden zweifelhafter Vergnügungen anspornen, denen jene verzweifelte Öde folgt, die das unselige Los verbannter Seelen ist.

Um dieses Bild von des Lebens dunklerer Seite zu vervollständigen, sollten wir auch jene Geister nicht vergessen, die mit medialen Menschen Kontakt aufnehmen, deren Unerleuchtetheit sie den Anschlägen schwarzer Kräfte ausliefert. An diese aussersinnlich Begabten treten also Geister heran, die sich ihnen sexuell bemerkbar machen. Die Details der Begleitumstände können wegfallen; wir sollten aber wohl sagen, daß hier von den früher als s u c c u b i und i n c u b i bekannten Erscheinungen die Rede ist. Manch arme Hexe, die Umgang mit dem Teufel hatte, war nur eine Vorläuferin gewisser Paranoiker, die sich auch heute noch in Irrenanstalten verzehren — unter den Augen derer, die bei bester Absicht und modernsten Behandlungsmethoden nicht in der Lage sind, den Kern des Übels zu erkennen, an dem ihre unseligen Patienten dahinsiechen.

Wir beeilen uns hinzuzufügen: nicht alle Geister, die ein Stündchen Liebe mitgenießen wollen, wenn es sich ihnen, wie angedeutet, anbietet, sind Teufel. Auch Zärtlichkeit, Anmut und die süßen Früchte der Sinnlichkeit locken dort, selbst wenn der teilnehmende Geist nicht selbst Gegenstand der Zuneigung ist. Die Sehnsucht, noch einmal eine Stunde irdischer Wonnen zu erleben, und sei es aus zweiter Hand und schattenhaft, lebt noch in so vielen Seelen, die jene geistige Stufe noch nicht erreicht haben, wo solche Wonnen, gemessen an den unsäglichen Freuden, von denen die höheren Sphären erfüllt sind, eitel und nichtig erscheinen.

Wenn man von den „Wonnen" und von dem Elend der Hölle spricht, ist es geboten, zwischen den Seelen, die durch eigene Schuld der Hölle zum Opfer fielen und den wahrhaft bösen Wesenheiten, den gefallenen Engeln, zu unterscheiden. Wir gebrauchen letzteren Ausdruck nur, um den archetypischen Charakter dieser Wesen zu bezeichnen, die seit unvordenklichen Zeiten böse und die Hinterlist selbst sind. In Wirklichkeit gibt es gar keine gefallenen Engel, oder höchstens in dem Sinne, daß irgendwann einmal (sicherlich lange bevor diese Wesen, nach ihrer Rückkehr in eine manifeste Existenz, zu Engeln hätten werden können) ein paar Seelen-Monaden, rein wie alle aus dem tiefen Schlaf des Nichts auftauchenden Seelen, dank falscher Entscheidungen Schritt für Schritt einen üblen Abweg einschlugen. Wir benutzten das Wort „archetypisch", um sowohl den ursprünglichen Charakter wie eine gewisse Hoheit anzudeuten, welche diesen Geschöpfen eignet. Wenn tatsächlich ein Sturz stattgefunden hat (und er muß stattgefunden haben), so war es ein allmählicher, unglücklicherweise aber auch unwiderruflicher, weil so viel Macht trunken macht. Wer sie ausübt, wird ihr Opfer. Diese majestätischen Gestalten sind das Pendant der Heiligen.* Sie sind von ihren Trabanten umgeben,

---

* Kurz nach Empfang des obigen Abschnittes hatte ich eine Vision, in der sich mir zwei männliche Dämonen zeigten. Der erste blieb im Profil, als ob ihn der Glanz des mich umgebenden Lichtes störe. Er trug einen schwarzen Anzug und einen schwarzen Hut, so daß ich nur die untere Hälfte seines Gesichtes deutlich sehen konnte. Diese sah höchst sonderbar aus und erinnerte an ein Modell für Anatomiestudenten, auf dem Muskeln und Sehnen freigelegt sind. Nur sahen hier Zähne und Kiefer eher

die eifersüchtig auf die Macht sind, die von ihren Häuptlingen manipuliert und ausgeteilt wird. Diese großen Dämonen sind entsetzlich anzusehen, und die Opfer der Hölle fürchten sie. Ihr fragt: Wer sind denn diese Opfer? Jetzt kommt das Traurigste und zugleich Wichtigste, das wir euch sagen müssen: Diese Opfer der Hölle sind die Willensschwachen. Um eine Vermutung auszusprechen: sie bilden das wesentlichste Kontingent der Hölle. Von diesen Höllenbewohnern kommen zehn auf einen einzigen Diener Luzifers, und zehn solcher Diener wiederum auf einen urbösen, archetypischen Teufel. Aber wie wir schon sagten, die meisten Höllenbewohner sind, wo sie sind, weil sie zu schwach sind, sich aus der Hölle emporzuarbeiten. Dazu wären nämlich zwei Dinge nötig, Willenskraft, um die Schwächen zu überwinden, denen sie ihren Aufenthalt in der Hölle verdanken, und dazu Mut und Entschlossenheit, ihre Verfehlungen zu sühnen. Das ist freilich viel verlangt und ist der Hauptgrund, warum die Hölle trotz ihrer offensichtlichen Nachteile nicht mit ausgesprochen bösen, sondern hauptsächlich mit willensschwachen Wesen bis obenhin voll ist. Wir schildern das nicht, um euch Angst einzujagen, sondern um zu

---

wie das Innere eines Radios oder Fernsehgerätes aus, voller rot verkleideter Kabel, dazu allerlei aus Draht und Porzellan. Das Ganze war an sich nicht häßlich, aber es war doch ein Schock, wenn man bedachte, daß dies einmal ein menschliches Antlitz war. Der Dämon betrug sich nicht sonderlich feindselig. „Jetzt weißt du, wie wir aussehen", schien er sagen zu wollen, obwohl der Wunsch, meine Leser zu ängstigen, vielleicht der Grund seines Entgegenkommens war. Mich befiel ein Unbehagen erst, als mir klar wurde, was eine solche Physiognomie bedeutete: einen eisernen Willen und eine unbeugsame Disziplin, ausgeübt seit Jahrtausenden, um völlige Herrschaft über einen tiefsitzenden Haß gegen die Menschheit zu erlangen, dessen einziger Zweck es ist, einer größtmöglichen Anzahl von Menschen ein Maximum an Leiden und Vernichtung zuzufügen. Der zweite Dämon war mit Brokat und Federn aufgeschirrt wie eine Varieté-Künstlerin. Sein Kopf war kein Menschenkopf mehr; er hatte die Form eines grotesken Raubvogels, so schwarz und so mit Pusteln übersät, daß man keine Züge erkennen konnte. Er wäre komisch gewesen, hätte er nicht so furchterregend ausgesehen. (E. H.)

sagen, daß die Hölle sich auf Erden spiegelt und Willensschwäche eure Welt zu dem macht, was sie ist. Wir sprechen recht eigentlich von einer heute überall grassierenden, dem Mangel an religiöser Überzeugung entstammenden Unentschlossenheit. (Was sich an religiöser Überzeugung findet, geht allzu oft mit Unselbständigkeit im Denken und chauvinistischen Tendenzen Hand in Hand.) Haben Höllenbewohner aus Mangel an moralischer Kraft, ihre Schwächen zu überwinden und ihre Verfehlungen zu sühnen, Mühe sich zu befreien, so entspricht ihnen auf Erden die große Menge der Willensschwachen, weil es — wie wir schon sagten — keine adäquaten und überzeugenden metaphysischen Lehren gibt, mit deren Hilfe sie sich zu verantwortlichen Menschen entwickeln könnten, und weil Willensschwäche, wo immer man ihr begegnet, die schlimmste Plage der Menschheit ist.

Die Ausübung der v o l u n t a s , des freien Willens, ist das edelste Vorrecht der menschlichen Seele. Nicht jeder macht davon Gebrauch. Die Anwendung dieses freien Willens sollte euch oberstes Gesetz sein. V o l u n t a s ist die Macht oder Kraft, aus der neue Kraft entspringt, die man zum Guten einsetzt. Aber hütet euch vor der Macht, die um ihrer selbst willen erstrebt wird. Stellt euren Willen in den Dienst eines einzigen Zieles, der Erfüllung und Verwirklichung eurer geistigen Anlagen. Wenn ihr das tut, liegt die euch verfügbare Macht wie ein treuer Hund zu euren Füßen. Laßt die Macht kein reißendes Tier werden! Lenkt euren Willen auf das Ziel, das ihr euch vor eurer Reinkarnation gesetzt habt. Gebraucht ihn nicht, um aufzufallen, sondern um demütig zu werden. Übt das; ihr wißt nicht, wann ihr es braucht. Vielleicht braucht ihr es sogar im Himmel, denn das Böse zieht mächtig an, und Rückfälle sind nur allzu menschlich. Dieses Bemühen wird euch selbstverständlich werden und zugleich euer Beitrag zur Welt als Ganzes sein, denn so haltet ihr euch auf eurer höchstmöglichen Bewußtseinsstufe.

Die Beschaffenheit einer einzigen Seele — wir wiesen darauf schon hin — bestimmt, wenn auch nur minimal, den Zustand aller Seelen. Laßt diese Sorge um die Beschaffenheit eurer Seele zum täglichen Gebet werden. Ohne diese kleine Mühe wird eure Welt unmerklich ärmer. Keine der großen Seelen lebt vor sich hin; jede ist dauernd bemüht, sich auf der Höhe des ihr Möglichen zu halten. Dort angekommen zu sein genügt nicht. Große Seelen inkarnieren sich sogar zuweilen wieder, wenn sie ihren eigenen Ansprüchen nicht mehr zu genügen glauben. Wenn ihr das nicht versteht und als notwendig anerkennt, bleibt ihr hinter euch selbst zurück. Vielleicht erschreckt euch das zunächst. Aber das soll es nicht, weil euch dieses Bemühen allmählich selbstverständlich werden wird. Ebenso selbstverständlich werdet ihr von eurem freien Willen Gebrauch machen. Das ist das Geheimnis, wie ihr Glückseligkeit erlangen könnt. Ein Vogel, der hoch oben durch die Lüfte gleitet, schlägt hin und wieder fast unmerklich mit den Schwingen, um sich auf seiner Höhe zu halten. Auch ihr werdet euch mit einem gelegentlichen kleinen Flügelschlag auf der Höhe halten können, die euch zukommt. Und das ist alles.

         Teresa von Avila und Azanananda

NACHWORT

Es ist mir eine Ehre, diesem Buch ein kurzes Nachwort folgen zu lassen. Schon lange habe ich auf eine Gelegenheit gewartet, das zu beschreiben, was man gemeinhin als das Ende ansieht. Zwar kann ich es nun nicht mehr zu Papier bringen, doch ist es mir durchaus möglich, mein Vorhaben in Worte zu kleiden und es einer mir und meiner Familie langher befreundeten, noch auf Erden lebenden Frau telepathisch zu übermitteln.

Über die Art, wie dies vor sich geht, enthält das vorliegende Buch genügend Information, so daß ich es nicht für notwendig erachte, mich hier noch einmal eingehend damit zu befassen. Als ich im Jahr 1955 starb, wußte ich nicht, was mir bevorstand. Ich war unvorbereitet auf die Vielfältigkeit des Jenseits, auf die ihm innewohnende Gesetzmäßigkeit und auf die Absolutheit, mit der sich diese Gesetzmäßigkeit behauptet. Alles dies übersteigt die Vorstellungskraft des noch auf Erden Lebenden. Ich begrüße daher den von Eva's Schutzgeistern unternommenen Versuch, eine Bresche in diesen Wall von Unwissen zu schlagen, da es meiner Aufgabe — oder sagen wir, der Erfüllung eines lange gehegten Wunsches — entgegenkommt.

Außer der Vielfalt der jenseitigen Welt überwältigte mich zunächst die Erkenntnis, daß ich mich in einer Schicht befand, die eher düster zu nennen war. Wie kam ich hierher? Was hatte ich verschuldet, daß ich mich nun in einer Art Zwischenreich befand? Erst allmählich wurde mir klar, daß die Anforderungen, die der „anständige Mensch" an sich zu stellen pflegt, offensichtlich ungenügend sind angesichts einer Ewigkeit, die nun plötzlich beredt und unverkennbar als unser Eigentliches aus uns spricht. Nicht gerade in Worten, aber vermittels dessen, was allen Worten zugrunde liegt, eh man einer Empfindung oder einem Gedanken Form verleiht.

Ich gewahrte also, daß ich gewogen und zu leicht befunden, von mir selbst gewogen und von mir selbst zu leicht befunden war, eine Erkenntnis, der ich mich bald nach meinem Tode erschloß. Nach diesem ersten Schreck hatte ich keine Wahl, als mich ans Werk zu machen. Ich mußte zunächst feststellen, worin ich gefehlt hatte. Hierüber vergingen Jahre, d. h. Jahre menschlicher Berechnungsweise, denn in der hiesigen Welt ist Zeit subjektiv und mag deshalb wesentlich kürzer oder länger scheinen als auf Erden. Es vergingen also mehrere Jahre, während derer ich um Klarheit rang. Es war keineswegs leicht. In einer derartigen Selbsterforschung spielt der Verstand nur eine untergeordnete Rolle. Bescheidenheit, und mehr noch als diese, Demut, ist es, worauf es ankommt. Sie bewirkt eine Veränderung der Seelensubstanz, eine Wandlung, die sich zwar auch bei noch auf Erden Lebenden vollziehen kann, deren sie sich aber nur in seltenen Fällen bewußt sind. Beim Verstorbenen hingegen rückt nun das, was vormals ein innerer Vorgang war, in den Vordergrund oder besser: das Innere ist alles, woraus man besteht; doch ist dieses Innere gewissermaßen umgestülpt, und das so nach außen Gekehrte enthält so vieles, wovon man bei Lebzeiten nicht die geringste Ahnung hatte — selbst nicht als geistig reger Mensch —- daß man plötzlich diesem um ein vieles Potenziertem gegenüber steht wie einer Anzahl seltsamer Gestalten, die man selbst ist und die man nun bemüht ist, in die Totalität des Ich einzubeziehen. Es sind dies seine tieferen Seiten, das Unterbewußte — aber weit mehr als das, was man allgemein darunter versteht, denn es gehören hierzu nicht nur die verschiedentlichen Persönlichkeiten, als die man sich in vergangenen Leben inkarniert hatte, sondern auch ein in den Ungründen der Seele verborgenes Wissen um das wahrhaft Göttliche, das nun alle irdischen Werte in ein völlig anderes Licht rückt.

Ich begegnete mir zwar als ein Wesen, umfassender als erwartet, doch konnte ich nicht umhin zu sehen, daß ich in meinem verflossenen Erdenleben meinem Werk gar manches geopfert habe, was ich mit Kräften bezahlte, die ich dem schlechthin Guten hätte zuwenden müssen — oder, um es in einer Sprache auszudrücken, deren ich mich früher nicht bedient hätte: ich hatte alles, was mir an Gaben verfügbar war, für etwas verwendet, das ich zwar keinen Grund habe zu bereuen, das aber nichts übrig ließ für die Veredelung meiner Seele. Und so starb ich, zutiefst befriedigt von dem, was ich zurückließ — meinem Werk — befand mich aber dafür einem Selbst gegenüber, das mir nicht recht gefallen wollte. Es kommt mir nicht leicht an, alles dies auszusprechen, doch ist es die Pflicht des zur Erkenntnis Gelangten, die unverhohlene Wahrheit preiszugeben auf die Gefahr hin, daß sie nicht geglaubt werde.

Die ersten Jahre im Jenseits widmete ich also der Veredelung meines Selbst. Dazu war es notwendig, mit einer mir völlig ungewohnten Selbstkritik vorzugehen, die mir zunächst äußerst schwer fiel. Eingehende Selbstbetrachtungen waren mir keineswegs fremd, aber harte Selbstkritik war es. Ich versuchte dieser Aufgabe auszuweichen, aber ohne Erfolg. Und so sah ich mich gezwungen, etwas zu unternehmen, was mir zwar leidig war, das sich aber meinem Bewußtsein mit unerbittlicher Hartnäckigkeit immer wieder präsentierte, bis ich mich schließlich diesem von mir selbst geforderten Purgatorium unterzog. Man erlasse es mir, in Einzelheiten zu gehen.

Etwa drei oder vier Jahre nach meinem Tod hatte ich das Maß an Vervollkommnung erreicht, das mir gestattete, gewissermaßen einen Sprung nach oben zu machen. Dieser Sprung erschloß mir ein Lichtreich von unvorstellbarer Schönheit, das man mit weitaus größerer Berechtigung, als der moderne Mensch gemeinhin annimmt, den Himmel nennen könnte. Ich nenne es also den Himmel und schäme mich dieses Wortes nicht im geringsten.

Ich habe mein Erdenleben genutzt, doch habe ich darüber manches versäumt, das ich dem göttlichen Guten in mir hätte zuwenden müssen. Ich habe meine Mängel erkannt und sie gesühnt und kann es mir nun leisten, die schlichte Sprache dessen zu sprechen, der seine Aufgabe erfüllt, seinen Ehrgeiz befriedigt und seine Schwächen überwunden und gesühnt hat und der nun, alles Ornates bar, eine dem Licht zugewandte Seele ist. Ob man mich in dieser Figur noch erkennt oder nicht, bekümmert mich wenig, und so fahre ich in meinem Bericht fort in der Hoffnung, hier und dort an einen Menschen zu geraten, dem ein feinerer Spürsinn gestattet zu Schlüssen zu kommen, die den Vertretern einer vermeintlich aufgeklärten Denkweise unzugänglich bleiben. Meine ersten Jahre im Himmel — wie ich diese Sphäre nun ohne Zögern nennen werde — waren dem Erleben der Glückseligkeit gewidmet, denn die Freuden, über die man ja schon manches gehört hat, ohne sich ein rechtes Bild machen zu können, sind eben wirklich so, daß man sich ihnen ungläubig hingibt und gut und gern Jahre damit verbringen kann, sie auszukosten.

Was tut nun so eine Seele im Himmel? Wie auch andere Wesenheiten meiner Entwicklungsstufe, war ich zunächst bemüht, mein Glück nach Möglichkeit zu fassen, denn es kam in jeder Form des Genusses auf mich zu. Durch Auge und Ohr, durch Tastsinn, Geruch und Geschmack — wenn man die dem menschlichen Auge, Ohr usw. möglichen Wahrnehmungen überhaupt als Vergleich heranziehen darf — da trotz des Mangels dieser Organe eine an ihre Funktion erinnernde Wirkung vorhanden ist. Ich war also überwältigt von dem Überfluß wohltuender Eindrücke und konnte ihrer nicht genug bekommen. Da ich zunächst noch einer Sphäre angehörte, in der es nicht an schönen Landschaften, Tieren, Blumen und freundlichen Seelen fehlt, in der die Luft von Harmonien erfüllt ist und geistige Anregung jeglicher Art den Wißbegierigen erwartet, und da ich aus dem ungläubigen Staunen gar nicht herauskam — eine wiederge-

fundene Kindlichkeit und Aufnahmefähigkeit steigerten noch diese Lust — vergingen einem Märchen gleich die Jahre, die hier ohnedies ohne Zahl und ohne Länge sind. Wie lange ist es her, liebe Gemme, seit ich starb?
— Im August werden es genau zwanzig Jahre sein.
— Zwanzig Jahre?!
— Wissen Sie denn nichts von all den Ihnen zu Ihrem hundertsten Geburtstag zugedachten Huldigungen?
— Oh doch! Nicht im Einzelnen, nein, aber die Gedanken der Menschen, die meiner auf diese Weise eingedenk sind, umschwirren mich wie Mücken.
— Also eher lästig?
— Es kommt auf das jeweilige Motiv an, kann also entsprechend wohltuend sein, oder auch nicht, wenn es dem Betreffenden um anderes geht als eine Ehrung oder ein verständiges Gedenken des Jubilars. Aber zumeist handelt es sich bei diesen Huldigungen um eine Okkasion, die man auswerten möchte, nicht mehr. Doch zurück zu meiner Sphäre!
Ich befand mich also im Himmel und hätte es auch gut und gerne bei diesem überaus wohltuenden Zustand belassen können, doch war da ein seltsamer Umstand der mich veranlaßte, meine Seligkeit gewissermaßen beiseite zu schieben und mich aus freien Stücken aus dieser Glückszone zu begeben oder, besser, mein Augenmerk auf etwas anderes zu richten als den Genuß himmlischer Freuden. Wie ja die vorliegende Schrift bereits erwähnt, ist der Altruismus — eine in alle Richtungen reichende, völlig selbstlose Liebe — nicht nur das Anzeichen einer dem Göttlichen zugewandten Seele; er ist gleichsam auch das Gefährt, das sie ihrem Ziel entgegenträgt. Altruismus ist demnach Vorbedingung zur Veredelung einer Seele, zugleich aber auch Endresultat, da jede nächsthöhere Stufe der Entwicklung ein Mehr an Selbstentäußerung sowohl verlangt als erzeugt. Mit anderen Worten: man beginnt mit einem Minimum

an Uneigennützigkeit und erreicht dadurch ein Stadium, das nicht nur ein weiteres an Selbstlosigkeit fordert, sondern — ist diese einmal zur zweiten Natur geworden — wiederum über sich hinausweist, bis man sich schließlich der Seinsweise großer Seelen nähert, die bisweilen von einer Opferwilligkeit erfüllt sind, die dem gewöhnlichen Sterblichen schier unfaßbar ist. Dieser Zug nach oben, den man nicht weiter zerpflücken kann, da er ein ureigener Teil der dem Göttlichen entstammenden Seele ist — seine restlose Verneinung ist die Hölle — dieser Zug nach oben war es also, der mich aus meinem genußreichen Zustand aufstöberte und Umschau halten ließ, ob es nicht etwas gäbe, dem ich mich widmen könnte. Wohl wäre es statthaft gewesen, mich meiner Seinsweise auch weiterhin zu erfreuen, doch trieb mich ein aus der Tiefe heraufdrängendes Verlangen an, nach etwas zu fahnden, das mir die Gelegenheit böte, mich dienstbar zu machen.

Dienstbar zu machen! Wie seltsam klingt dies aus dem Munde eines Mannes, dessen Lebenswerk aus einer außerordentlich befriedigenden Beschäftigung bestand, der weiter keine grösseren Opfer zu entrichten waren, als jeder Schaffende ohnedies seinem Werk zu konzedieren bereit ist. Nie in meinem Leben hatte ich mich veranlaßt gefühlt Opfer zu bringen, die mehr darstellten als das, was eine starke Überzeugung — etwa auf dem Gebiet der Politik — mit sich brachte. Es hat mir immer an dem gefehlt, was man Demut nennt, ein Wort, mit dem ich wenig anzufangen wußte, bis ich, hier angelangt, erkannte, daß es mehr bezeichnete als eine der vielen Eigenschaften, mit denen man begabt sein mag oder nicht. Seit ich hier bin weiß ich, daß Demut gewissermaßen der Schlüssel ist, der uns höhere Welten erschließt; eine Eigenschaft, die eine ganz besondere Stellung unter anderen einnimmt, da sie mit magischer Kraft umgeben ist, so wenig sich der wahrhaft Demütige dessen bewußt sein mag. Demut birgt ihre eigene Belohnung und umstrahlt den mit ihr Gesegneten mit einem Glanz, den wir, die wir ja nun die

Dinge im Licht der Ewigkeit sehen, als Duft und Farbe, als Wohlklang und überaus erquickende Labung erleben, die uns wonnesam durchrieselt, durchstrahlt und durchwärmt, wo immer wir einem wahrhaft demütigen Wesen begegnen. Doch war dies alles nicht das, was mich bewog, meine Haltung zu ändern. Was mich bewog, war ganz einfach die Tatsache, daß mir trotz meiner Seligkeit etwas fehlte. Und hierin liegt eines der großen Geheimnisse des Jenseits: es lockt den schon Beglückten hinan und veranlaßt ihn, sich um ein Weiteres an Glück zu bemühen. Dies verleiht dem Himmel, aller langweiligen Schilderungen seiner Freuden ungeachtet, ein Element süßer Unruhe, die nun auch mich ergriff.

Ich gestehe, ich suchte nicht die Demut; ich suchte das, was nur sie gewähren kann. Doch kaum hatte ich mich, diesem inneren Drängen folgend, dem Guten als Werkzeug dargeboten, als mir eine Verheißung wurde, die mir den nun bevorstehenden Aufstieg in höhere Sphären so verlockend vor Augen führte (eine dem Irdischen entlehnte Ausdrucksweise!), daß mich sofort eine unbezähmbare Sehnsucht ergriff, so schnell wie nur möglich dahin zu gelangen. Gar bald bot sich eine Gelegenheit, die meinen Wunsch zur Tat werden ließ.

Meine Kinder Klaus und Erika waren beide hier; Klaus war mir vorangegangen, Erika folgte einige Jahre nach meinem Tod. Klaus hatte sich, wie man ja weiß, das Leben genommen, Erika war an den Folgen einer langwierigen Krankheit gestorben. Beiden ging es nicht gut. Dies wird nur jene überraschen, die nicht wissen, daß sich jeder Mensch nach seinem Tod insofern selbst richtet, als eine sowohl im All als in der Einzelseele wirksame Justiz ihm die ihm gemäße Sphäre zuweist oder, besser, in die er von selbst gravitiert, einem Gesetz zufolge, das absolut ist wie ein Gesetz der Physik oder der Chemie. Klaus litt noch an den Folgen seiner Tat; Erika hingegen, die sich mit der ihr eigenen Resolutheit sofort in die Hand nahm, hatte nur daran zu leiden, was eben bei den meisten „anständigen Menschen" noch korrekturbedürftig ist, ehe sie in den Himmel gelangen können.

Sobald ich mich aus dem Stadium des Halbdunkels, in dem ich mich anfänglich befand, emporgearbeitet hatte, einem Halbdunkel, das sowohl in mir herrschte als mich umgab, da ja hier der Erleuchtungsgrad einer Seele ihre Umwelt bedingt (beide entsprechen einander, sind zwei Aspekte ein und derselben Gegebenheit), war ich in der Lage, mich meiner Kinder anzunehmen. Man möchte meinen, dies sei das Selbstverständlichste der Welt, doch liegen die Dinge hier anders als auf Erden. Familienbande haben nur Gültigkeit, wo zugleich auch eine starke innere Bindung besteht, und da der Neuling im Jenseits gewöhnlich von seinen eigenen Nöten und den Forderungen seines neuerwachten, nun überwachen Gewissens in Anspruch genommen ist, steht ihm der Sinn nur selten danach, sich mit anderem zu befassen als mit der Lösung seiner eigenen, dringlichen Probleme. So, jedenfalls, war es bei mir: doch ist nicht allen Seelen, wie man mir sagt, dieser Entwicklungslauf gemein.

In unserer Welt ist das Verschleiern der Gefühle ein Ding der Unmöglichkeit, da sie sich unmittelbar äußern. Man kann sie weder hinter einem unwahren Wort, noch hinter einem nichtssagenden Lächeln oder einem den wahren Sachverhalt kaschierenden Schweigen verbergen. Die manchmal geradezu brutale Ehrlichkeit, die sich hieraus ergibt, ist für den neu Angekommenen zunächst eine Überraschung, bis er sich an diesen Umstand ebenso gewöhnt wie an manches andere in unserer Welt. Es ist merkwürdig, wie vieles der noch auf Erden Lebende von dem nicht weiß und nicht wissen will, was sich unter der Oberfläche menschlicher Beziehungen abspielt. Hier aber begegnen sich Eltern und Kinder kühl, Ehepaare ignorieren einander und Freunde gehen an einander vorbei, wo es einer wahren Zuneigung ermangelt. Hingegen knüpft man manch neues Band der Freundschaft und der Liebe und findet längstvergessene Gefährten wieder, die man in früheren Leben gekannt hatte. Alle Konventionen sind zum Teufel und man ist so frei, wie man es sich im Leben nicht selten gewünscht hat. Es darf daher nicht Wunder nehmen, wenn ich über meine eigenen Belange mit einer Offenheit rede, die ich früher als unschicklich empfunden hätte. Hier aber spreche ich anschließend an ein Buch, das ja schon einiges vorbereitet hat und dem Leser manche Einsicht in ein Gebiet gewährte, das dringend eines Cicerone bedurfte.

In Anbetracht dessen, daß alle Konventionen, und nicht nur Konventionen, auch gewisse Gefühle wie Mitleid, der Art wie man sie sich ja oft im Leben abzwingt, die aber doch nicht ganz echt, oder sogar nur halb echt sind — in Anbetracht dessen also, daß im Jenseits diese Täuschungsmanöver sich selbst und anderen gegenüber wegfallen, sind die Beziehungen zwischen Wesenheiten unserer Welt völlig verschieden von irdischen. Man denkt gar nicht daran — und wozu auch? — sich anders zu gebärden, als man eben ist. Dies erklärt eine erste gewisse Distanziertheit zwischen mir und meinen Kindern.

Vielleicht sollte ich hier doch etwas über die Grundeinsamkeit der menschlichen Seele hinzufügen. Fühlt man sich schon zu Lebzeiten bisweilen einsam, so ist dies ein Nichts, verglichen mit der Einsamkeit der Seele im Jenseits, obzwar es da eher ein Auf-sich-gestellt-sein ist — ein Bewußtsein der vollen Verantwortlichkeit für seine Person — als ein Gefühl der Verlassenheit. Dafür ist man schließlich im Himmel, einem Bereich, das durchstrahlt ist von der „Liebe Gottes" — ein Wort, das allerdings mehr irritiert als erklärt. Wie kann man diese Dinge überhaupt erklären? Man kann sie andeuten in der Hoffnung, daß sie trotz aller Unzulänglichkeit einen kleinen Einblick gewähren, doch versagt das einzelne Wort, wo ein ganzes Vokabular unzureichend ist. Ich sprach also davon, daß man sich hier seiner Verantwortlichkeit in einer Weise bewußt wird wie nie zuvor. Während wir noch inkarniert sind, ragt nur ein winziger Teil unseres Selbst, einem Eisberg gleich, aus dem Meer des Unbewußten, während man hier, gleichsam über die Flut des Unbewußten emporgehoben, Einsamkeit als etwas empfindet, mit dem man leidlich zurechtkommen kann, weil man mit dem Übergang in die hiesige Welt — vorausgesetzt man gehört einer der höheren Sphären an — einen ungeheueren Gewinn zeitigt, die Erkenntnis nämlich, daß dem ganzen Weltgebäude ein luzider Sinn innewohnt und daß einem jederzeit vergönnt ist, aus einem Quell göttlicher Liebe und Kraft zu schöpfen, in dem Maß, in dem eine Seele es ersehnt und verdient. Man akzeptiert demnach diese modifizierte Einsamkeit als die nun gegebene Lebensform und wird ihrer auch gerecht, da ihr nur noch wenig von jenem Unbehagen anhaftet, das den noch tief im Gewässer irdischen Unwissens Versunkenen so schwer bedrücken konnte.

Ich war also allein, auf mich selbst gestellt, ohne mich indes verlassen zu fühlen. Ich war nicht gezwungen, irgendeine Rolle zu spielen; ich war frei. Ein vorläufiges Ziel hatte ich erreicht: die erste Stufe jener Bewußtseinsebene, die ich eingangs als den Himmel bezeichnete. Der Schlüssel hierzu — ich erwähnte dies bereits — war meine völlig veränderte Einstellung dem gegenüber, was ich nicht ohne ein kleines Zögern Demut nenne, einer gewissen Lächerlichkeit wegen, die diesem Begriff in den Augen des „Aufgeklärten", des Mannes von Welt, anhaftet und anhaften wird, bis eine von allem Unrat befreite Religiosität die Welt mit neuen Werten und neuen Worten bedenken wird.

Erst nachdem ich mich schon geraume Zeit im Himmel befand und jene süße Unruhe mich ergriff, die bewirkte, daß ich mich einem guten Werk widmen wollte, geschah es, daß ich wieder einmal nach meinen Kindern sah. Erika war mir in kürzester Zeit auf dem Fuß gefolgt; Klaus, weniger tatkräftig und von einer lässigen Indifferenz dem gegenüber, was zur Verbesserung seiner Lage hätte führen können, befand sich noch immer in jenem Halbdunkel der Seele, das nur durch einen Kraftaufwand zu überwinden ist. Er wollte nichts wissen von mir; er wollte, daß man ihn in seinem Zustand belasse, da er selbst jenem Halbdunkel, das ihn erfüllte und umgab, einen gewissen Zauber abzugewinnen verstand. Es mag dies seltsam anmuten — aber er hatte im Leben mehr gelitten als seine charmante Art, sich zu geben, verriet, und schon im Leben hatte er Zuflucht gesucht in einer Welt gefährlicher Trugbilder. Diese hatten ihn schließlich wie eine Fata Morgana über den Rand des Lebens gelockt. Daß noch andere Momente im Spiel waren, tut nichts zur Sache. Vielleicht sah ich meinen Sohn erst hier zum ersten Mal, nachdem ich vieles abgestreift hatte, was im Leben zwischen uns stand. Erst hier war ich frei, mich ihm zu widmen und tat es mit der Liebe des Verschmähten. Letzten Endes kann sich jeder Mensch nur selbst erlösen, doch hilft es, wenn gewisse Dinge, die auf Erden problematisch waren, geklärt werden, und es hilft auch, wenn einem eine Liebe entgegengebracht wird, über deren Tiefe im Jenseits ja kein Zweifel bestehen kann. Ich war nicht der Einzige, der sich um Klaus bemühte — und schließlich, nach endlos scheinenden Jahren tat auch er den Schritt, der ihn in dem Sinn an meine Seite brachte, daß auch er jener Freuden teilhaftig wurde, die ich anfangs beschrieb. Er geht jetzt seiner Wege, wie auch ich, doch besteht nunmehr ein Einvernehmen zwischen uns, das auf Erden nicht möglich gewesen wäre.

Mit Erika verband mich mehr als die gewöhnliche Zuneigung eines Vaters zu seiner Tochter. Wir waren uns bereits in früheren Leben begegnet, ein Umstand, den ich hier nur streifen möchte, da es zu weit führen würde mehr zu sagen, als daß uns eine uralte Freundschaft verband, wie denn auch unsere Beziehung eher eine kameradschaftliche zu nennen war, obgleich bei Erika ein Element der Achtung hinzukam, die sie meinem Werk zollte. Ich liebte Erika, doch war sie es, von der ein Strom an Wärme und Bewunderung ausging, während ich, wie schon erwähnt, alle mir verfügbare Kraft in mein Werk einfließen ließ und mit geschmeichelter Huld das Dargebrachte entgegennahm.

Nach meinem Tod sollte sich dies alles ändern. Ich erkannte zu spät, daß ich manches versäumt hatte, das, wie mir nachträglich scheinen wollte, Erika's Leben in Bahnen gelenkt hätte, die sie anstatt zu einer Amazone, zu einem vielleicht weniger markanten, dafür aber befriedeteren Geschöpf hätte werden lassen. Wer kann es wissen? Je länger ich mich in der hiesigen Welt befinde, umso mehr erkenne ich, daß ein ungemein klarer Plan allem Geschehen zugrunde liegt, und daß der kleine Ausschnitt, der sich unseren Augen dartut, keine gültigen Schlüsse zuläßt. Das einzige, was mich dieser begrenzte Ausschnitt lehrte, war, worin ich gefehlt hatte, gleichviel, ob mein Verhalten einen göttlichen Plan stützte oder störte. Indem Judas ein Unrecht beging, erfüllte er seine Mission; subjektiv war sein Verrat falsch, objektiv war er richtig. Ich mußte mein Versäumnis sühnen, obgleich es letzten Endes dem „Willen Gottes" entsprach. Da sich aber meine Schuld in Grenzen hielt, dauerte es nicht lange, ehe ich mich von ihr befreit hatte, und als Erika hier anlangte, bedurfte es einer weit geringeren Klärung und einer weit geringeren Abbitte meinerseits als im Falle von Klaus, um unsere Beziehung zu einer ungemein erfreulichen zu gestalten.

Alles dies mag Menschen, die mich auf Erden kannten, äusserst unwahrscheinlich vorkommen, doch ist es wiederum das Schlüsselwort Demut, das der von ihr erfüllten Seele zum Verständnis meines Berichtes gereichen wird, während es ihm, dem das Wort nach wie vor albern dünkt oder den es peinlich berührt, schwer fallen wird sich vorzustellen, daß ich mich dergestalt gewandelt haben soll. Mehr läßt sich zu diesem Thema leider nicht sagen.

Zur Zeit während Eva Herrmann gelegentlich unser Gast war, schien sie mir ein scheues Geschöpf, an das nicht leicht heranzukommen war. Einmal frug ich Erika, worüber man denn mit ihrer Freundin reden könne, eine Frage, auf die auch Erika keine rechte Antwort wußte. Und dennoch empfand ich damals schon, daß hinter diesem verschlossenen Wesen etwas am Werk war, das ich nicht benennen konnte. Ich wußte von ihrem Interesse an Dingen, die ich damals für gefährlich hielt, doch war mir nichts Näheres bekannt über das, was sie neben ihrer Kunst mit Eifer verfolgte. Nicht lange nach meinem Tod sah ich sie einmal, wie wir uns eben bisweilen Menschen ansehen, die wir auf Erden kannten. Es ist dies sehr aufschlußreich, da der Unterschied zwischen dem Eindruck, den man als noch Inkarnierter, und jenem, den man sozusagen von Seele zu Seele gewinnt, oft ein erheblicher sein kann. Da ich die Übermittlerin meiner Gedanken nicht in Verlegenheit bringen möchte, sei hier nur gesagt, daß der Anblick der Wesenheiten, die sie während ihrer Arbeit umgaben, erkennen ließ, daß hier etwas Besonderes im Gange war. (Daß Eva hier zugleich Gegenstand und Übermittlerin meiner Ausführungen ist, erschwert zwar meine — und mehr noch ihre — Aufgabe, doch soll sie daran nicht scheitern. Ohnedies richtet sich das von mir Diktierte, wie ja das ganze Buch, an einen Leserkreis besonderer Art, den diese etwas ungewöhnliche Passage nicht mehr und nicht minder aufbringen wird wie manches andere in dieser Schrift.) Ich gewahrte also, daß eine Anzahl höherer Wesenheiten bemüht waren, ein Resumé ihres gemeinsamen Wissens so zu formulieren, daß es sowohl dem Fachmann wie dem Laien zugänglich werde. Wohl mag das Übermittelte dem einen gelegentlich zu laienhaft, dem anderen hingegen zu gelahrt erscheinen, doch sollte diese Schrift dessentwegen nicht ihre Wirkung verfehlen. Unsere Art, den Inhalt eines auf Erden geschriebenen Buches zur Kenntnis zu nehmen, hat Parallelen mit der im dritten Kapitel beschriebenen Methode unseres Lernens, weshalb ich es nicht für nötig erachte, mehr zu sagen, als daß wir bisweilen mitlesen, wenn ein aufmerksam Lesender ein Buch zur Hand nimmt.

Ich möchte nicht eine Gelegenheit ungenutzt vorübergehen lassen, die es mir ermöglicht, mich im Geist an einige mir nahestehende Personen zu wenden, da die Zeit leider noch fern ist, in der ein Austausch zwischen den Welten möglich sein wird. Noch ist das Unwissen zu allgemein, gerade unter den sogenannten Gebildeten, die Gelegenheit zu rar und das Mißtrauen zu tief verankert, als daß es uns ohne weiteres gegeben wäre, Menschen zu erreichen, die uns nahestanden. Ihnen und auch anderen ähnlichen Gepräges, die heute oder morgen diese Zeilen lesen werden, reiche ich über Zeit und Raum hinweg die Hand.

Thomas Mann